청소년들의 진로와 직업 탐색을 위한
잡프러포즈 시리즈 37

풍성한 사회적 삶 변호사

청소년들의 진로와 직업 탐색을 위한 잡프러포즈 시리즈 37

풍성한 사회적 삶
변호사

안서연·김상천
지음

TaLK SHOW

소송을 삼가라.
네 이웃들이 타협할 수 있도록 설득하는데 최선을 다하라.
변호사들은 평화중재자로서
훌륭한 사람이 될 기회가 더 많다.
그래도 여전히 할 일이 많을 것이다.

- 에이브러햄 링컨, Abraham Lincoln -

"지우 꿈이 변호사였어? 왜 변호사가 되고 싶어?

 "사람을 도와주는 좋은 일을 하는 사람이니까.
당신은 좋은 사람입니까?"

- 영화 〈증인〉 중에서 -

C·O·N·T·E·N·T·S

C·O·N·T·E·N·T·S

여러분 안녕하세요.

변호사 안서연입니다.

여러분이 생각하는 변호사는 어떤 모습인가요? 영화나 TV에서 보이는 것처럼 멋진 양복을 입고 화려한 언변으로 판사를 설득하는 모습을 그리고 계신가요? 물론 법정에서 변론을 하는 모습도 변호사 업무의 한 부분이지만, 이것이 전부는 아니에요.

변호사는 다른 사람의 인생에서 가장 힘든 순간을 함께 하는 직업이에요. 많은 경우, 변호사를 만나러 온다는 것은 인생에서 큰 사건에 연루되었다는 것을 뜻하거든요.

투자를 했다가 사기를 당한 경우, 범죄를 저질렀다는 이유로 기소된 경우, 해고를 당한 경우, 영업비밀 침해를 당한 경우, 교통사고를 당한 경우 등이 있을 수 있지요. 평범하게 살아가는 사람들에게 는 일생에 한 번 있을까 말까 한 일들이에요. 변호사는 이런 어려 운 상황에 놓인 사람들에게 도움이 될 수 있도록 엉켜있는 실타래 를 법률적으로 함께 해결해 나가죠.

어려운 사건을 하나씩 해결해 나갈수록 법률 지식이 축적되고, 경 험이 쌓이면서 변호사로서의 커리어도 같이 성장해요. 저는 오늘 보다 내일이, 그리고 1년 후, 10년 후에 조금 더 변호사로서의 삶 이 풍성해질 것이라고 생각해요.

다른 사람의 어려움을 공감하고 해결해 주고 싶나요? 그리고 이를 통해 여러분도 같이 성장하고 싶은가요? 그렇다면 저와 함께 변호 사의 세계로 떠나보시죠.

안녕하세요.
변호사 김상천입니다.

변호사는 남을 돕는 직업이에요. 세상에는 여러분이 생각했던 것
보다 어려움을 겪고 있는 사람들이 많아요. 억울한 누명을 쓴 사람
도 있고, 자신이 저지른 일보다 더 큰 벌을 받게 될 위험에 처한 사
람도 있어요. 믿고 있었던 친구에게 배신당해 힘들어하는 사람들
도 많이 있어요. 이런 사람들 옆에서 친구이자, 조언자이자, 전문
가의 역할을 하는 사람이 바로 변호사예요.

그런데 다른 사람을 돕기 위해서는 많은 준비와 노력이 필요해요.
답을 찾기 위해 밤을 새우고, 사랑하는 사람과의 시간을 양보해야
할 수도 있어요. 다른 사람의 고통에 마음이 아플 수도 있어요. 의
뢰인의 눈물에 여러분의 가슴이 내려앉을 수도 있고, 해결 방법을

×

찾지 못하고 자신을 자책할 수도 있어요. 하지만, 다른 사람을 돕는다는 것은 이 세상에서 가장 의미 있는 일 중 하나에요. 그 과정에서 여러분은 생각이 깊어지고, 편견이 사라지며, 더 크게 성장하는 것을 느끼게 될 거라고 생각해요. 다른 사람을 돕는 것이 오히려 나를 위한 일이었다는 것을 알게 되지요.

법정 안에서는 억울한 사람을 위해 싸워주고, 이 세상에서 가장 외롭고 힘든 사람들을 위해 나서주세요. 법정 밖에서는 사람들이 외면하는 문제, 잊고 있었던 문제를 찾아 해결해 주세요.

다른 사람의 이야기를 듣는 것을 좋아하고, 사람들과 함께 문제를 해결하는 것을 즐긴다면 여러분은 이미 변호사의 기본 덕목을 갖추고 있어요. 이제, 변호사의 세계로 들어가 볼까요?

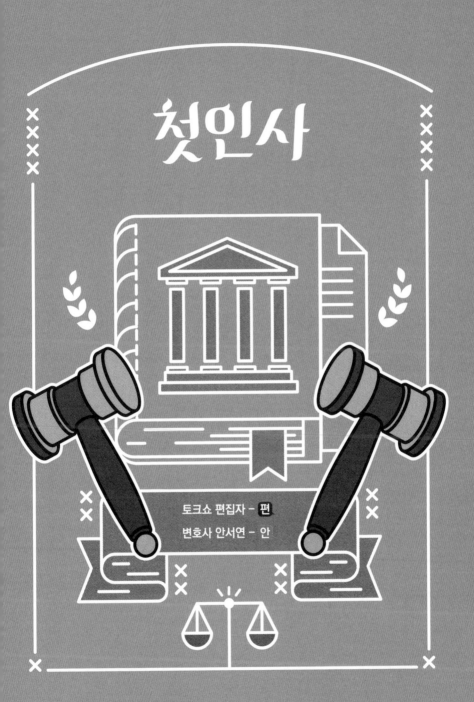

첫인사

토크쇼 편집자 – 편
변호사 안서연 – 안

편 먼저 자기소개를 부탁드려요.

안 안녕하세요. 법무법인 강남의 안서연 변호사입니다.

편 이 일을 하신 지는 얼마나 되셨나요?

안 14년 차예요. 2004년에 사법고시 1차 시험에 합격하고, 2005년에 최종 합격한 후, 2006~2007년 2년 동안 사법연수원을 거쳐 2008년부터 변호사 일을 시작했어요. 대학교 때부터 법을 공부한 기간을 합치면 20년이 넘는군요. 인생의 반은 법을 공부한 셈이네요.

편 지금까지 맡은 사건이 총 몇 건이나 되나요?

안 세어 보지는 않았지만 대략 1,000건은 넘을 것 같아요. 제가 대한법률구조공단에 근무할 때 많은 사건을 담당했거든요. 요즘에는 동시에 진행하는 사건이 30~40건 정도 되는 것 같아요.

편 이 일을 하시게 된 계기가 있나요?

안 일단 저는 법학이 좋았어요. 법학은 학문적이면서, 실용적이에요. 법은 사람이 사회를 만들고 살아오는 동안 존재했고 학문적으로 오랜 역사를 가지고 있죠. 오랜 시간 사람들의 가치관이 반영

법학은 학문적이면서도 실용적이다.

되어 내려왔기 때문에 철학적 깊이도 있고요. 또한 법은 우리 현실의 삶과 떼려야 뗄 수 없는 학문이에요. 선거를 하는 것, 물건을 사는 것, 학교생활을 하는 것, 직업을 구하는 것 등 우리의 삶은 일거수일투족 법과 관련되어 있어요.

저는 법과 관련된 직업을 갖고 싶었고, 그중에서도 변호사는 당사자와 가장 가까이 있다는 점에서 매력적인 직업이라고 생각했어요. 변호사라는 직업을 가지게 되니, 제 삶이 여러 분야로 확장되게 된 것 같아요.

판사, 검사와 비교를 해보면, 판사는 제3자적인 입장에서 소송 당사자들의 주장이 옳은지, 그른지를 판단해야 해요. 또 검사는 피의자가 정말 죄를 지어서 기소를 할 만한지, 하지 말아야 되는지를 판단하는 입장이죠. 반면에 변호사는 소송 당사자 바로 곁에서 그 사람의 목소리를 대신 내줄 수 있어요.

편 이 직업을 프러포즈하는 이유는 무엇인가요?

안 첫째는 변호사가 되면 자신의 사회적 삶을 풍성하게 할 수 있는 가능성이 펼쳐져요. 저는 어렸을 때 학생을 가르치는 교사가 되고 싶기도 했고, 시청자에게 뉴스를 알려주는 앵커가 되고 싶기도 했어요. 또 변호사가 되고 싶기도 했고요.

그런데 변호사가 되고 나서 법에 관해 전문가라는 자격이 주어지니까 어렸을 때 하고 싶었던 일을 할 기회가 생기더라고요. 예를 들면 대학교에서 학생들에게 법학 실무를 강의하기도 하고, 초등학교에서 일일 교사 체험을 하기도 했어요. 법무연수원에서 공무원들을 대상으로 강의를 하기도 하지요. 또 TV에 출연해서 시청자들에게 법률 상담을 하거나, 사회적 이슈에 대한 법적 견해를 전달하기도 했죠. 변호사라는 전문 직업을 가지게 되니까 제 삶이 여러 분야로 확장될 가능성이 더 커지는 것 같아요.

두 번째, 변호사는 시간이 가면 갈수록 점점 성장하는 직업이라고 할 수 있어요. 여러 사건을 다루면서 점점 자신만의 지식과 경험을 축적해 나가는 거죠. 판례는 계속 쌓이고, 법은 계속 변경되니까 변호사도 끊임없이 공부해야 해요. 이 과정에서 성장하는 거예요.

편 하루 일과가 궁금해요.

안 아침에 일찍 출근해서 이메일부터 확인해요. 답변이 필요한 것이 있으면 답변한 후, 재판 스케줄을 재확인하죠.

재판이 있는 날은 기록을 훑어보면서 재판을 준비해요. 재판은 일주일에 2~3일 정도 있어요.

재판이 없는 날은 다음 재판을 위한 서면을 작성하거나 미팅을 해요. 기존 의뢰인과의 상담인 경우도 있고요. 새로운 의뢰인과의 미팅도 있어요. 거의 하루에 한두 번은 미팅이 있죠.

바쁘게 하루를 보내요. 저녁에도 야근을 하는 경우가 많고, 일이 많을 때에는 새벽까지 하는 경우도 있어요. 요즘에는 지방 재판이 많아서 출장도 자주 가요.

편 지방 출장요? 지방에 사는 사람이 서울에 있는 변호사에게 사건을 의뢰하기도 하나요?

안 네. 다른 지역에 거주하는 의뢰인도 있고, 서울에 거주하는 의뢰인이지만 다른 지역에 있는 법원에서 재판을 하는 경우도 있어요. 그래서 재판을 하거나 의뢰인과의 미팅을 위해 출장을 가는 거죠.

　먼 지역으로 출장 갈 때에는 주로 KTX를 이용해요. 기차 안에서 일을 하면서 보내는 경우가 많죠.

변호사가 일하는 곳은 어디인가요?

편 변호사가 일하는 곳은 어디인가요?

안 로펌(법무법인)에서 근무하거나, 개인 변호사 사무실에서 근무하는 경우가 많아요. 회사에서 사내변호사로 근무하는 변호사도 늘어나고 있어요. 최근에는 대기업뿐 아니라 중견기업, 중소기업에서도 변호사를 채용하고 있어요. 사내변호사는 회사의 준법 감시 업무, 계약서 검토 등 법무 업무 등을 해요.

행정기관에서 공무원으로 일하는 경우도 점점 늘어나고 있어요. 사회의 각 영역에 변호사가 많은 역할을 하고 있다고 볼 수 있어요.

변호사로 일하면서
기억에 남는 사건이 많을 것 같아요.

편 변호사로 일하면서 기억에 남는 사건이 많을 것 같아요.

안 많이 있죠. 다만 변호사법 제26조에 직무상 알게 된 비밀을 누설하여서는 아니 된다고 규정하고 있어서 구체적으로 말씀드리기가 어렵네요. 그중에서 사회적으로 의미 있고 당사자도 동의해서 언론에 이미 보도된 사건 몇 가지만 말씀드릴게요.

버스회사에서 근무하던 중에 교통사고를 당하고 해고까지 당한 기사님이 있었어요. 회사 일을 하다가 장애를 입었는데 해고까지 당해 너무 안타까웠죠. 다행히 해고가 부당하다는 판결이 선고된 사건이 기억에 남아요.

당시 회사 측에선 의뢰인이 다리를 다쳤기 때문에 더 이상 운전을 할 수 없어서 해고가 정당하다고 주장했는데, 제 의견은 달랐어요. 버스회사라고 해도 운전 외에 다른 업무가 있을 수 있잖아요. 예를 들어, CCTV를 관리하거나 행정직 등 여러 가지 업무를 할 수 있죠. 상해를 당했다는 이유만으로 다른 업무를 찾아보지도 않고 무조건 해고를 한 것은 부당하다고 주장했어요. 심지어 그분은 회사 업무 수행 중 다쳤고, 운전기사 이외에 또 다른 업무를 할 수 있는 충분한 역량을 갖춘 사람이라는 논지를 펼쳐 결국 승소했어요.

또 병역 감면을 받고 싶어 하던 대학생도 기억에 남네요. 그 학생은 홀로 아버지를 모시고 아르바이트를 하면서 생활하고 있었기 때문에 본인이 군대에 가면 아버지를 부양할 사람이 없는 형편이었어요. 아버지가 나이가 많아서 일을 하기가 어려웠거든요. 다행히 생계유지 곤란을 이유로 병역 감면에 관해 승소 판결을 받았어요. 아버지도 함께 오셔서 좋아하던 모습이 생각나요.

🔲 힘들었던 사건이 있다면 어떤 것인가요?

🔲 변호사로 일하면서 힘든 사건들도 많이 있었어요. 특히 접해 보지 않은 특수한 분야의 사건인 경우에는 혼자 수행하기 어렵다는 생각이 들죠. 그럴 때는 사무실에 있는 다른 변호사들과 협업을 하면서 힘든 사건을 해결하는 편이에요.

변호사의 매력은 무엇인가요?

편 변호사의 매력은 무엇인가요?

안 지식과 경험이 계속 축적된다는 것이 매력이에요. 사건 하나가 종료되면 그만큼 제가 변호사로서 좀 더 발전되었고 성숙되었다고 느껴요. 앞으로 10년, 20년이 흐르면 지금보다 더욱 훌륭한 변호사가 될 것이라는 기대와 희망이 있어요.

또한, 의뢰인은 변호사인 저를 온전히 의지하고 믿는 경우가 많아요. 단순히 재산 관계 분쟁이라 하더라도 감정이 얽혀 있는 경우가 있거든요. 그러다 보면 법률문제뿐만 아니라 모든 것을 저한테 의지하시더라고요. 감정이 불안정해지니까요.

제 스스로가 좀 더 강해지고 인간적으로 더 성숙해지는 계기를 만들어주는 것이 이 직업의 또 다른 매력이라고 생각해요.

단점에 대해서도 알려주세요.

편 단점에 대해서도 알려주세요.

안 계속 공부해야 한다는 것이죠. 판례는 계속 나오고, 법도 계속 바뀌기 때문에 관심을 두고 공부를 해야 해요. 그런데 사실 이건 단점이기도 하지만 장점이기도 하죠. 공부를 계속하기 때문에 점점 발전할 수 있으니까요.

재판이 어떻게 진행되는지 궁금해요. 시간은 얼마나 걸리나요?

편. 재판이 어떻게 진행되는지 궁금해요. 시간은 얼마나 걸리나요?

안. 재판마다 달라요. 민사나 행정 재판의 경우 보통은 5~10분 정도 걸려요. 법정에서 할 말은 미리 문서로 제출하기 때문에 판사도 내용을 파악하고 오거든요. 보통은 변호사가 미리 제출한 서면 내용을 간단히 요약해서 진술하고, 서면 내용 중에 판사가 궁금한 사항을 물어보면, 대답하는 정도로 변론을 해요. 형사재판에서도 피고인이 범죄 사실을 인정하는지, 부인하는지, 증거에 대한 의견이 어떠한지, 변호사가 미리 서면으로 제출하는 것이 보통이에요.

다만 증인신문을 하는 경우는 1시간 이상 걸리는 경우도 많아요. 증인은 소송 당사자가 아니면서 법원의 신문(訊問)에 대해 본인이 알고 있는 사실을 진술하는 사람을 말하는데 이 경우에는 양쪽 당사자가 자신에게 유리한 증언을 이끌어내기 위해 증인에게 질문을 하게 되기 때문에 사건에 따라서 몇 시간씩 걸리는 경우도 많죠.

재판의 종류

민사재판 국민의 사적인 생활에서 발생하는 권리 또는 법률관계에 대한 다툼을 해결하고자 하는 재판이다. 돈을 빌려 간 사람이 제대로 돈을 갚지 않는다거나, 다른 사람의 잘못 때문에 손해를 입는 경우가 있다. 이때 당사자들끼리 대화로써 원만하게 해결하지 못한 경우 민사재판으로 문제를 해결할 수 있다.

형사재판 강도, 절도, 폭행 등 사회의 안전을 해치는 범죄 행위가 발생했을 때 국가가 범죄자를 가려내어 형벌을 가하는 재판이다. 검사가 기소한 피고인에 대하여 법원이 유, 무죄 여부를 판단하고, 유죄인 경우 그에 합당한 형벌을 정하는 재판이다.

가사재판 가족 및 친족에 대한 다툼이 있는 경우 이를 해결하기 위한 재판이다. 이혼 소송, 상속관계 소송, 친자관계 등을 다룬다.

소년재판 10세 이상 19세 미만의 소년이 범죄나 비행을 저지른 경우 소년의 환경을 변화시키고, 소년의 성품과 행동을 바르게 할 수 있도록 보호 처분을 하는 재판을 의미한다.

행정재판 국가나 지방자치단체인 행정 기관의 잘못으로 국민의 권리나 이익이 침해당했을 때 행정 기관을 상대로 잘못된 행정 작용의 시정을 요구하는 재판을 말한다. 잘못 부과된 세금을 취소하거나 골프장 건설 허가를 취소해 달라는 경우가 이에 해당한다.

글쓰기가 중요하다고요?

편 변호사는 말을 잘해야 한다고 생각했는데, 글쓰기가 더 중요하다고요?

안 네. 서면을 작성해야 하니까요. 글을 쓸 때에는 사실관계 및 쟁점을 정리하고, 어떠한 법리가 적용되는지 검토하고, 판례 등을 조사해서 논리적으로 작성해야 해요.

편 서면은 정해진 분량이나 제출 기한이 있나요?

안 대법원 규칙에서는 30쪽 이상을 넘지 않도록 규정되어 있어요. 원래는 분량 제한이 없었는데 몇 년 전에 생긴 제도예요. 변호사들이 경쟁적으로 긴 내용의 서면을 제출해서 불필요한 내용을 서면에 포함시키거나, 앞서 제출한 내용을 반복적으로 기재한 서면 등을 제출해 재판이 신속하게 진행되지 않는다는 이유 때문이에요.

준비서면은 원래 재판 기일의 7일 이내에 제출하도록 규정되어 있지만, 엄격하게 제한하지는 않아요. 다만 너무 임박하게 제출하면 상대방이 검토할 시간이 없어지니 미리 제출하는 것이 좋아요. 하지만 상소의 경우에는 엄격하게 기간이 정해져 있어요. 형사

사건은 판결 선고일로부터 7일 이내, 민사사건은 판결문을 송달받은 날로부터 14일 이내에 상소를 제기해야만 해요. 이 기간은 반드시 지켜야 하는 불변기간이어서 변호사들은 반드시 기억을 하고 있어요.

편 형사 사건의 경우에 검사가 작성한 모든 서면을 피의자나 피고인이 받아보고, 피의자나 피고인이 검사가 하는 활동을 알 수 있나요?

안 수사의 경우는 밀행성이 있기 때문에 검사가 하는 모든 활동을 피의자에게 알려주지 않아요. 다만 피의자가 필요한 기록을 열람 복사 신청을 해서 허가를 받아서 볼 수는 있어요.

편 법정에 갈 때는 제출한 서면을 모두 프린트해서 가나요?

안 요즘에는 전자소송이 워낙 활성화되어 있어서, 많은 변호사들이 컴퓨터나 태블릿을 이용하는 경우가 많아요. 저도 예전에는 서면을 프린트해서 법정에 가져가곤 했는데, 최근에는 태블릿을 주로 이용하고, 일부 서면만 프린트해 보고 있어요.

편 서면 작성할 때 중요한 것은 무엇인가요?

안 일단 법령을 해석하고 그 법을 뒷받침하는 판례가 있는지 조사하는 것이 중요해요. 그리고 같은 판례라 하더라도 우리 사건에 그대로 적용할 수 있는지, 아니면 불리하게 작용하는지 여부를 판단해야 하죠.

만약 불리한 판례가 있다면 우리 사건에 해당되지 않는다는 내용으로 어필해야 해요.

법정 드라마나 영화에서는 변호사가 법정에서
열정적으로 변론하던데 실제는 어떤가요?

편 법정 드라마나 영화에서는 변호사가 법정에서 열정적으로 변론하던데 실제는 어떤가요?

안 영화나 드라마에서는 법정에서 모든 내용을 하나하나 다 짚으면서 진행하지만, 그렇게 하다가는 시간이 너무 오래 걸리게 되지요. 그렇기 때문에 각자 말하고 싶은 내용을 문서로 만들어 미리 제출하는 거예요. 상대측 변호사와 판사가 미리 검토하면 시간을 절약할 수 있으니까요.

다만 요즘에는 법정에서 '구술(말)'로 진술할 기회가 예전보다 늘어나긴 했어요. 실질적으로 구술주의를 실현하려는 거죠. 구술주의는 소송의 심리 방식에 관해 당사자 및 법원이 하는 변론이나 증거조사 등의 소송행위를 구술로 해야 한다는 것이에요.

편 증인은 어떤 질문을 받을지 미리 알 수 있나요?

안 아뇨. 증인은 자신이 어떠한 질문을 받을지 알 수 없어요. 변호사나 검사가 어떤 질문을 할지 모르니, 긴장하는 증인들이 많아요. 게다가 허위 증언을 하면 위증죄로 처벌받을 수 있거든요. 위증죄는 중하게 처벌하는 편이에요. 따라서 증인은 허위로 증언하면 절대로 안 되고, 모르면 모른다고 해야 해요.

편 재판 시간이 길어지면 비효율적이지 않나요?

안 아무래도 그렇죠. 그럼에도 불구하고 우리 법의 취지는 그것을 감수하겠다는 거예요. 시간과 비용이 들더라도 실체적 진실을 밝히는 것이 더 중요하다는 것이죠. 그것이 우리 법이 추구하는 가치이고요.

편 법정에 가기 전에 미리 준비를 하나요?

안 네. 점점 구두 변론을 해야 하는 경우가 많아지고 있어요. 재판 출석 전에는 다시 한번 기록을 읽고 정리하는 시간을 갖는 것이 보통이에요. 특히 증인신문의 경우는 더 준비를 하고 가지요.

변호사가 없는 재판도 있나요?

편 변호사가 없는 재판도 있나요?

안 물론이죠. 우리나라는 당사자 소송이 가능해서 민사소송의 경우에 변호사 없이 당사자가 소송하는 경우도 많아요. 형사소송의 경우에도 변호인 없이 재판을 받는 경우도 있고요.

하지만 형사소송에서 구속되었거나, 3년 이상의 징역, 금고에 해당하는 범죄를 저지른 경우에는 변호인이 반드시 있어야 해요. 그래서 국선변호인 제도가 있죠. 피고인이 사선변호인을 선임하지 못한 경우 국가가 변호인을 선정해 주는 제도예요.

편 국선변호사는 지원하는 건가요?

안 국선 변호만 전담으로 하는 변호사도 있고, 일반 변호사 일을 하면서 국선변호사 업무를 하는 변호사도 있어요.

국선변호인 제도

국선변호인은 형사사건의 피고인이 경제 사정 등으로 변호인을 선임할 수 없는 경우 청구를 하거나, 법률로 필수적으로 변호인이 필요한 것으로 정하는 경우 법원이 선임하는 변호인을 말한다.

우리나라는 헌법 제12조 제4항 단서에 '형사피고인이 스스로 변호인을 구할 수 없을 때에는 법률이 정하는 바에 의하여 국가가 변호인을 붙인다.'라고 하여 국선변호인 제도를 채택하고 있다.

이에 따라 현행 형사소송법에는 피고인이 구속되었을 때, 미성년자일 때, 70세 이상인 자일 때, 농아일 때, 심신장애의 의심이 있는 때에 변호인이 없는 경우 법원에서 직권으로 국선변호인을 선임하도록 되어 있다.

국선변호인은 2가지 경우가 있다. 첫 번째는 일반 변호사가 사무실 관할 법원에 국선 사건을 맡겠다고 신청한 경우이고, 다른 하나는 국선 사건만 전담하는 경우다.

국선전담 변호사는 사건을 임의로 수임할 수 없고, 해당 법원에서 지정한 사건의 피고인만을 변호한다. 드라마나 영화 등에서 국선변호사가 생활고에 시달리는 법조인처럼 묘사되는 경우가 있는데 현실과는 다르다.

최근에는 지속적인 사건 수임과 안정적인 수입이 보장되는 국선전담 변호사의 인기가 높아지고 있다. 대법원이 발표한 2020년 상반기 국선전담 변호사의 모집 경쟁률은 9 대 1에 달했다.

대리하기 힘든 의뢰인도 있을 것 같은데
어떤 의뢰인이 힘든가요?

편 대리하기 힘든 의뢰인도 있을 것 같은데 어떤 의뢰인이 힘든 가요?

안 자기 상황을 전부 다 오픈하지 않는 의뢰인이 힘들어요. 불리한 상황이 있다면 미리 변호사에게 알려서 대책도 같이 세우고 해야 하는데 계속 숨기다가 나중에 사실이 드러나면 오히려 어려운 상황에 놓이게 돼서 힘들죠.

처음 상담을 할 때부터 사실대로 말씀해 달라고 부탁하고 상담을 시작해요. 변호사인 내가 취사선택할 테니 그냥 다 이야기해 달라고 하면 대부분은 불리한 것까지 다 말씀해주시더라고요.

편 '공감 능력'이 중요하다고 하셨는데, 의뢰인과 공감대가 형성되면 정신적으로 힘든 경우도 있을 것 같아요.

안 맞아요. 그래서 의뢰인에게 공감은 하되, 상황을 객관적으로 파악해서 사건을 풀어가려고 노력하고 있어요.

편 로펌에서 일하기 전에 '대한법률구조공단'에서 근무하신 것으로 압니다. 대한법률구조공단은 어떤 곳인가요?

안 대한법률구조공단은 법무부 산하의 공공기관이에요. 사회적으로, 경제적으로 어려운 국민에게 무료 법률상담, 소송대리, 형사 변호, 체험형 법문화 교육 등 다양한 법적 지원을 하는 국민의 법률복지 증진을 위한 기관이죠.

소송한다는 점에서 외부 변호사가 하는 업무와 같아요. 민사소송, 형사소송, 행정소송, 가사소송 등의 소송을 하지요. 다만 의뢰인이 경제적으로 어렵거나 일정 요건에 해당해야만 무료 소송대리나 변호를 받을 수 있어요. 하지만 기본적으로 상담은 모두에게 다 오픈되어 있어요. 전화 상담, 인터넷 상담, 방문 상담 모두 가능해요.

한국여성변호사회 활동도 하고 계시죠?

📝 한국여성변호사회 활동도 하고 계시죠?

👩 한국여성변호사회는 인권 옹호, 사회정의의 실현, 여성 변호사들의 교류를 위해서 1991년에 설립됐어요. 저는 한국여성변호사회에서 총무이사로 활동하고 있고, 공익 활동 및 회원들을 위한 활동들을 하고 있어요.

MBN이 주최한 제1회 '공익 변호사상' 시상식 '정의부분'에서 공익변호사상을 수상하기도 했다.(앞줄 두 번째)

편 한국여성변호사회에 도움을 요청하는 사건이 많은가요?

안 아동학대 사건, 성폭력 사건 등의 도움을 요청하는 경우가 있어요. 이런 경우 수사 단계부터 도움이 필요하거든요. 특히 어린 학생의 경우 최초 고소장 제출부터 피해자 조사 참여 등 변호사의 도움이 필요한 경우가 많이 있어요.

여러 변호사들이 함께 수행하는 경우가 많고, 같이 일하는 과정에서 보람도 느끼고, 좋은 아이디어도 많이 나와서 많이 배우게 되는 것 같아요.

업무를 잘 수행하기 위해 따로 노력하는 것이 있나요?

편 업무를 잘 수행하기 위해 따로 노력하는 것이 있나요?

안 평소 새로 나오는 주요 판례는 챙겨보도록 노력하고 있어요. 학회에 가입해서 새로운 이슈들을 놓치지 않으려고 하고요. 최근에는 여성변호사회 변호사들과 함께 토요일마다 스터디를 하고 있죠.

편 기업 자문도 하시나요?

안 최근에는 기업과 관련해 계약서 검토, 각종 행정 규제 관련 이슈, 근로관계 이슈 등에 대해 자문을 많이 하고 있어요. 기업 자문의 경우에는 기업의 법률 리스크를 감소하는 데 도움을 준다는 점에서 보람을 느끼고 있어요.

편 변호사 업무에서 어려운 점은 무엇인가요?

안 동일한 사건, 동일한 자문은 매우 드물어요. 유사한 사건을 다룬 경험이 있다고 하더라도 깊이 검토해 보면 나름의 다른 요소들이 있는 경우가 많죠. 항상 세심하게 연구해야 한다는 점이 쉽지가 않아요.

변호사이기 때문에 겪는 애로사항이 있나요?

편 변호사이기 때문에 겪는 애로사항이 있나요?

안 소송이라는 것은 승패가 있기 때문에 결과에 대해 부담감이 있어요. 중요 사건의 판결 선고 전날에는 잠이 안 오기도 할 정도예요. 모든 사건을 승소할 수는 없고, 패소의 부담이 있다는 것은 변호사가 가지는 가장 큰 스트레스인 것 같아요.

스트레스는 어떻게 해소하나요?

편 스트레스는 어떻게 해소하나요?

안 일이 많아서 생기는 스트레스는 회피하면 더 힘들더라고요. 차라리 컴퓨터 앞에 앉아서 빨리 일을 해치우는 것이 스트레스 해소에 도움이 돼요. 그 외에 다른 스트레스는 가벼운 운동을 하기도 하고, 같은 일을 하는 동료들을 만나서 이야기를 하면서 스트레스를 해소하곤 해요.

성취감을 느끼는 순간은 언제인가요?

편 성취감을 느끼는 순간은 언제인가요?

안 결과가 좋았을 때 성취감을 느끼죠. 소송에서 승소를 하거나, 합의가 잘 되었거나 하는 경우요. 최근에 대법원 사건을 승소해서 매우 보람이 있었어요. 원래 1심이나 2심은 사실관계를 가지고 다투지만, 3심인 상고심은 법률심이어서 법령의 해석, 적용에 관해서만 다툴 수 있어요. 1심, 2심에서 법률을 잘못 해석했다는 점을 주장해 승소했어요. 변호사로서 성취감을 느끼는 순간이었어요.

──────── ×**더 알고 싶어요!**× ────────

항소(抗訴)는 민사소송과 형사소송에서 제1심의 종국 판결에 대하여 불복하여 상소하는 것을 말한다. 항소할 수 있는 판결은 지방법원 단독판사 또는 합의부가 제1심이 되어 행하는 판결이며 판결한 법원에 항소장을 제출하면 단독 판사는 지방법원 합의부가, 합의부 사건은 고등법원에서 항소 재판을 진행한다. 고등법원이 제1심이 되는 경우도 있으나 그 판결에 대해서는 항소가 없고 대법원에 상고가 될 뿐이다.

좌절감을 느끼거나 포기하고 싶었을 때가 있었나요?

[편] 좌절감을 느끼거나 포기하고 싶었을 때가 있었나요?

[안] 포기하고 싶다기보다는 야근을 하거나, 집중을 하고 나서 체력적으로 힘든 경우가 있어요. 신체적으로 힘들면 정신적으로도 힘들더라고요. 그래서 체력관리를 해야 될 필요성을 많이 느끼고 있어요.

[편] 주위에도 변호사를 포기하는 분은 없겠네요.

[안] 변호사 업무가 바빠서 잠시 쉬어가는 경우는 많은 것 같아요. 학업을 하거나, 여행을 하는 등이요. 혹은 업무와 육아를 병행하는 것이 힘들어서 육아를 하는 동안 잠시 쉬는 변호사들도 보았고요.

자신의 성향을 고려해서 변호사 업무 영역을 바꾸는 경우도 있어요. 송무는 상대방과 다투는 일이고, 승패의 부담이 있어서 힘들다는 이유로 사내변호사나 행정기관에서 근무하면서 법률 자문 및 계약서 검토 업무를 하기도 해요.

변호사 업무 이외에 또 어떤 활동을 하시나요?

편 변호사 업무 이외에 또 어떤 활동을 하시나요?

안 강의를 하고 있어요. 대학교에서는 로스쿨 학생을 대상으로 서면 작성에 관한 내용을 강의하고, 법무연수원에서는 공무원들을 대상으로 민사법을 강의하고, 금융연수원에서는 자금세탁방지법을 강의했어요. 또한 각종 심포지엄에서 의견을 발표할 기회가 있으면 적극적으로 참여하는 편이에요.

그리고 TV에 출연해서 시청자에게 법률상담을 하거나, 사회적 이슈에 대해 법적 견해를 전달하기도 하죠.

TV에 출연해 법률상담도 하고 법무연수원에서 강의를 하기도 한다.

의뢰인을 많이 만날 텐데 어떤 마음으로 만나시나요?

편 의뢰인을 많이 만날 텐데 어떤 마음으로 만나시나요?

안 저를 믿고 사건을 맡겨준 것에 대한 고마운 마음이 크고 책임 감이 느껴져요.

기업이나 행정청에서 고정적으로 자문을 하는 경우는 그 기업이나 행정청의 업무 내용이 점점 익숙해져서 자문하기도 수월해요. 이 경우 정말 기업이 잘 되기를 바라고, 행정청에 도움이 되는 자문을 하려고 노력하죠.

개인 사건의 경우에도 심각한 사건에 연루된 분들이 많이 있어요. 투자했다가 사기를 당하거나, 교통사고를 당했거나, 인터넷 게시판에 글을 올렸다가 명예훼손으로 고소를 당하는 경우도 있죠. 심지어 아파트를 샀는데, 알고 보니 등기가 잘못되어 부동산을 날리게 되는 경우도 있어요. 이런 일생일대의 심각한 상황에 놓인 사람들에게 도움이 될 수 있도록 최선을 다하는 것이 저의 일이라고 생각해요.

일을 하면서 아쉬운 점은 무엇인가요?

편 일을 하면서 아쉬운 점은 무엇인가요?

안 변호사 일을 하면서 정말 다양한 일을 많이 해본 것 같아요. 여러 곳에서 요청이 들어오면 거절하기 힘들기도 하고, 흥미가 생기기도 해서 다양한 분야의 일을 했어요. 지금 생각해 보면 한 가지 분야에 집중했으면 더 좋았을 텐데 하는 아쉬움이 있어요. 앞으로 변호사 업무를 오래도록 하게 되는데, 저의 전문분야를 찾아서 더 집중하고 좋은 성과를 내고 싶어요.

편 시간이 날 때는 무엇을 하시나요?

안 여유가 있을 때는 미술관에 가서 작품 감상하거나, 박물관에 가거나, 근처 나들이를 하는 편이에요. 요즘엔 코로나19 때문에 자주 방문하지 못해 안타까워요.

편 주요 관심사는 무엇인가요?

안 변호사의 업무가 사회, 정치 전반과 밀접한 관계가 있어 시사에 항상 관심을 가지고 있어요. 최근에는 급속히 변하는 세상에서 장래 법조인의 역할이 어떻게 변하게 될 것인지가 관심사예요.

역량을 쌓기 위한 변호사님만의 팁이 있다면 무엇인가요?

편 역량을 쌓기 위한 변호사님만의 팁이 있다면 무엇인가요?

안 변호사의 업무 중 상당 부분이 서면을 작성하는 일이라 글을 써야 하는 경우가 많아요. 그래서 글쓰기 능력이 중요하다고 생각해요. 저는 소송 상대방으로부터 받은 서면 중에도 좋은 표현이 있으면 메모를 해둬요. 그리고 판결문을 보면서도 좋은 법리나 좋은 글이 있으면 습득해서 내 것으로 만들려고 노력하고 있어요.

변호사라는 직업에 대해 소개해 주세요.

편 변호사라는 직업에 대해 소개해 주세요.

안 변호사(辯護士)는 '법률전문가'로서, 법률문제에 관련된 당사자들의 문제를 당사자들을 대리하여 해결해 주는 일을 해요.

형사소송에서는 가장 유리한 판결을 이끌어 낼 수 있도록 변호하는 역할을 하고, 민사소송에서는 소송을 제기하는 원고 또는 피고를 대리해 소송을 진행하는 역할을 하죠.

또한 법률문제가 현실적으로 발생하지 않더라도 분쟁을 예방하기 위해 각종 계약서를 검토하는 등 자문 업무 등을 하기도 하고, 공공기관이나 행정부처에서 법령 해석 등을 담당하기도 해요.

구체적으로 어떤 일을 하나요?

편. 구체적으로 어떤 일을 하나요?

안. 흔히 변호사라고 하면 재판정에서 변론하는 모습을 떠올릴 거예요. 하지만 변호사가 하는 일은 매우 광범위해요. 기업이나 행정청에서 법률 자문을 하거나, 행정청의 인허가와 관련된 일을 하기도 해요. 당사자끼리 합의를 하는 경우에도 변호사가 함께하기도 해요.

학생들이 학교폭력 사건에 연루되었을 때 변호사가 학생과 함께 학교폭력위원회에 동석하는 경우도 있어요.

또 기업에 입사해서 그 회사의 법률 업무만 하는 경우도 있죠. 요즘에는 대기업뿐만 아니라 중견기업, 중소기업에서도 변호사를 채용하는 경우가 많아요. 사내변호사가 늘고 있는 이유는 준법경영이 강조되고 있는 데다, 각 기업들이 직면하고 있는 법률 리스크를 해결하기 위한 수요가 커졌기 때문이라고 생각해요.

변호사도 전문분야가 있죠?

편 변호사도 전문분야가 있죠?

안 네. 어떤 분야의 사건을 많이 수행한 경험이 있거나, 연구 경험이 풍부한 경우 전문성이 있다고 볼 수 있을 것 같아요. 혹은 관련 행정기관이나 회사에서 근무한 경우 전문성이 생기겠죠. 예를 들어, 교육청에서 근무한 경험이 있으면 학교 폭력 사건 등에 전문성이 생기고, 은행에서 사내변호사를 했으면 금융 업무가 전문분야가 될 가능성이 클 거예요.

대한변호사회에도 변호사 전문분야 등록 제도가 있어요. 일정 기준 이상의 사건을 수행하고, 교육을 이수하는 경우 전문분야로 등록할 수 있도록 되어 있어요.

변호사 전문분야 등록제도

변호사들의 전문화를 유도하고, 일반인에게 전문성을 갖춘 변호사들의 정보를 제공하기 위해 만들어진 제도다. 특정 전문분야에 대한 특별한 경험과 지식을 가지고 있는 변호사에게 일정한 심사를 거쳐 그 자격을 대한변호사협회가 인증하는 제도로 2010년 1월 도입되었다.

전문분야 등록은 법조 경력 3년 이상인 변호사만 등록할 수 있다. 또한 3년 내에 대한변협이 인정하는 연수나 해당 전문분야 관련 교육을 14시간 이상 이수해야 하고, 전문분야에서 요구하는 사건 수임 건수를 충족해야 한다. 필요 사건 수임 건수는 분야에 따라 10~30건 정도다.

자신의 전문성을 보여줄 수 있는 해당 전문분야 관련 학위나 강의 경력이 있으면 연수 요건이 일부 면제될 수도 있다.

전문분야도 점차 다양화되어 도입 당시 민사법, 부동산, 건설, 의료 등 전통적인 분야를 중심으로 36개에 불과하던 전문분야 종류도 사회·경제적 시대 변화상을 반영해 엔터테인먼트, IT, 학교폭력, 식품·의약, 스타트업 등으로 세분화되면서 61개 분야로 늘었다.

엄정한 심사를 거쳐 전문분야 등록을 하면 해당 사건에 대해 '전문' 변호사라고 홍보할 수 있다.

2018년 12월 현재 형사법 전문 변호사가 425명으로 가장 많고, 뒤이어 가사법 238명, 이혼 218명, 부동산 195명 순이다. 전문변호사가 단 한 명 있는 분야로는 법인세·관세·무역·스타트업이 있고, 조선·상속증여세·국제조세·국제관계법 전문분야를 등록한 변호사는 아직 없다.

미국에서 연수하셨는데
우리나라와 다른 점이 있나요?

편 미국에서 연수하셨는데 우리나라와 다른 점이 있나요?

안 미국 로스쿨에 대해 잘 아는 것은 아니지만, 그 당시 수업에서 인상적이었던 것은 교수들이 수업 시간에 학생들 이름을 호명해서 질문을 하는 경우가 많다는 점이었어요. 교수의 질문에 대부분의 학생들은 즉답을 하고요. 반대로 학생들 또한 교수에게 질문을 많이 해요.

이런 수업 방식이 교수와 학생 모두에게 매우 익숙한 것 같았어요. 학생들은 반드시 예습을 해야 하고, 수업 시간 내내 집중해서 수업에 임해야 할 것 같더라고요.

연수 중 제가 미국 로스쿨 학생들에게 한국의 법 제도에 대해 소개할 기회가 있었어요. 교수님께 제안을 듣고, 좋은 기회일 것 같아서 하겠다고는 했는데, 제 발표에도 역시나 학생들이 질문을 많이 해서 답변하느라 힘들었던 기억이 있어요.

우리나라도 국민참여재판이 있는데
어떤 경우에 하나요?

편 우리나라도 국민참여재판이 있는데 어떤 경우에 하나요?

안 형사재판의 경우 피고인이 신청하면 국민참여재판을 받을 수 있어요. 모든 형사사건에 해당하는 것은 아니고, 국민참여재판을 신청할 수 있는 범죄가 정해져 있어요. 사형, 무기 또는 단기 1년 이상의 징역 또는 금고에 해당하는 사건 등이죠.

편 누가 배심원이 되나요?

안 법원이 배심원 후보 예정자 명부(국민투표를 한 전과 없는 사람들)에서 필요한 수만큼의 후보자를 무작위 추출 방식으로 선정하고 있어요. 배심원은 양형 결정에 의견을 개진할 수 있어요. 양형에 대해 함께 토의하고 표결을 하지만 그 결과를 참작할 것인지의 여부는 판사가 결정해요. 배심원의 평결은 권고적 효력만이 있는 거죠.

국민참여재판의 판결도 항소가 가능해요. 하지만 국민참여재판의 결과가 항소심에서 번복되는 경우는 흔치 않은 것 같아요.

편 국민참여재판의 장점은 무엇인가요?

안 배심원의 의견이 재판부를 구속하는 것은 아니지만, 국민들의 의사가 재판부에 전달되는 것은 큰 의미가 있다고 생각해요. 배심 재판을 하는 과정에서 형사재판이 국민들에게 좀 더 오픈되고, 사법부의 민주적 정당성과 신뢰가 높아지겠지요.

사건 해결을 위해 자료 조사도 많이 하겠네요.

편 사건 해결을 위해 자료 조사도 많이 하겠네요.

안 맞아요. 관련 법령이나 판례, 문헌 등을 검색해야 해요. 조사할 내용이 많은 경우에는 어쏘 변호사(Associate Lawyer, 로펌에 채용된 소속 변호사. 영어 명칭을 줄여서 어쏘 또는 어쏘 변호사라고도 부른다)에게 리서치 부탁을 하기도 해요. 또 접해 보지 않은 분야의 경우에는 업계 전반에 대해 알아야 해요. 산림청과 관련된 사건을 한 적이 있었어요. 처음에는 용어부터 낯설었는데 사건을 진행하다 보니 나무의 종류, 숲에 관심이 생기고 재미있었어요.

편 시간이 많이 걸릴 것 같은데 어떤 방식으로 조사하나요?

안 법령, 판례 등은 인터넷에 검색하면 많이 나오고, 그 외에 변호사들이 사용하는 판례 검색 사이트들이 있어요. 또 논문 등을 검색할 수 있는 서비스도 있고요. 하지만 리서치를 해도 판례 등이 없는 경우도 많아요. 사실 법령이나 판례가 명백하게 있는 경우는 사건화되지도 않고 자문을 구하지 않으니까요. 자료가 없거나 해석의 여지가 있을 때 사건화되는 경우가 많은 거죠. 이 경우는 나름의 논리를 세워서 법원을 설득하거나, 자문을 할 수밖에 없어요.

현재 변호사로 활동하시는 분은 몇 명인가요?

편 현재 변호사로 활동하시는 분은 몇 명인가요?

안 2021년 2월 기준으로 29,642명이에요. 남녀 비율은 7:3 정도예요.

대한변호사협회 회원 현황(2021.2.17 기준)

지방회	변호사			법무법인			법무법인(유한)			공증인가합동		공동법률사무소	
	개업회원	준회원(휴업+미개업)	소계	사무소	구성원	소속변	사무소	구성원	소속변	인가 사무소	인가 구성원	사무소	구성원
서울	18,505	3,576	22,081	812	3,373	2,835	60	1,434	2,830	6	43	170	1,403
경기북부	424	61	485	25	78	20	0	0	0	0	0	21	39
인천	630	99	729	52	187	66	0	0	0	1	3	26	59
경기중앙	1,092	269	1,361	78	307	147	0	0	0	0	0	24	56
강원	169	44	213	7	24	8	0	0	0	1	4	5	10
충북	179	49	228	16	63	26	0	0	0	0	0	1	3
대전	625	125	750	36	135	65	1	6	0	0	0	14	35
대구	703	98	801	40	169	43	0	0	0	5	19	22	53
부산	951	179	1,130	78	265	78	5	65	55	2	9	25	64
울산	208	26	234	13	52	14	0	0	0	0	0	1	2
경남	381	59	440	32	114	35	0	0	0	0	0	2	5
광주	538	126	664	28	111	33	2	17	11	2	6	28	57
전북	306	58	364	16	59	14	0	0	0	2	9	4	8
제주	125	37	162	5	16	1	0	0	0	1	3	13	30
합	24,836	4,806	29,642	1,238	4,953	3,385	68	1,522	2,896	20	96	356	1,824

* 외국법자문사 현황 : 등록회원 180명중 개업회원 117명
* 외국법자문법률사무소 : 28개

변호사에게 필요한 역량은 무엇인가요?

편 변호사에게 필요한 역량은 무엇인가요?

안 첫째, 핵심을 파악하는 능력이 중요하다고 생각해요. 의뢰인의 사건 전반에 관한 이야기를 듣고 쟁점이 무엇인지, 법적으로 의미가 있는 것인지 정리해야 해요. 또한 상대방의 서면을 볼 때도 마찬가지예요. 상대방이 제출한 서면이 많은데 어떠한 내용이 쟁점이고, 어떠한 내용이 쟁점을 흐리기 위한 것인지 잘 구분해야 하죠.

둘째, 사람들의 말에 귀를 기울이고, 공감 능력이 있어야 해요. 당사자들이 사실관계를 가장 잘 알고 있기 때문에 당사자와의 상담 시 시간을 충분히 가지고 들으면 사건을 해결하는 데 큰 도움이 되거든요.

셋째, 자기중심이 서 있어야 해요. 소송을 의뢰하거나, 법적 자문을 구하는 의뢰인들 중 많은 분들이 삶에서 힘든 상황에 놓여 있는 경우가 많아요. 이런 분들에게 적절한 법적 조언을 하기 위해서는 법적 지식도 있어야 하지만, 변호사가 중심을 잘 잡고 있어야 의뢰인이 변호사를 믿고 함께 소송을 해나갈 수 있거든요. 의뢰인 입장에서는 자신이 억울하다고 생각하기 때문에 무리한 주장을 하고 싶어 하는 경우가 있어요. 이럴 때는 변호사가 중심을 잡고 의뢰인을 합리적으로 설득할 수 있어야 승소 가능성이 높아질 수 있어요.

📭 어떤 성격이 변호사에 어울릴까요?

🈯 음… 아무래도 꼼꼼한 성격이 어울릴 것 같아요. 법 조항, 계약서 등을 잘 해석하고 살펴야 하니까요. 그리고 송무를 주로 한다면 멘탈이 약할 경우 좀 힘들 것 같아요. 소송 과정에서 상대방과 다투어야 하는 경우가 많거든요.

학창 시절에 어떤 준비를 하면 좋을까요?

편 학창 시절에 어떤 준비를 하면 좋을까요?

안 평소에 정치, 경제, 사회 분야에 관심이 많으면 좋을 것 같아요. 변호사의 업무는 현실 사회와 밀접하게 관련되어 있어요. 그렇기 때문에 사회가 어떻게 돌아가는지 항상 주시하는 태도를 갖도록 해야 할 것 같아요.

외국어를 잘하는 것도 도움이 돼요. 다른 외국어 공부도 좋지만, 영어를 잘하는 것은 변호사로서 큰 강점이 되는 것 같아요. 저는 영어로 프랑스 회사와 이탈리아 회사의 자문을 한 경험이 있어요. 유럽이나 아시아 회사라 하더라도 영어로 소통을 하는 데 문제는 없었어요. 학창 시절에 영어 공부를 열심히 하면 변호사가 되었을 때 많은 도움이 될 거예요.

미래에도 변호사는 필요한 직업인가요?

편 미래에도 변호사는 필요한 직업인가요?

안 미래에는 AI가 변호사를 대체할 것이라는 이야기들을 많이 해요. 물론 판례 검색이나 논문 검색, 단순한 계약서 검토 업무 등 AI가 인간보다 더 잘 할 수 있는 영역이 분명히 있어요. 최근에 인간과 AI가 계약서 검토 대결을 했는데, AI가 이긴 사건이 화제가 되기도 했었죠.

하지만 사람을 대상으로 하는 일이므로 기계로 대체할 수 없는 부분이 있다고 생각해요. 변호사가 의뢰인과 상담하면서 사건의 쟁점을 파악하고, 정서를 공유해야만 법원에 잘 전달할 수 있는 경우가 많이 있어요. 또 기계가 계약서를 검토하든, 소송 서면을 작성하든, 최종적으로 사건을 책임져야 하는 것은 기계가 아닌 인간이고, 변호사라고 생각해요.

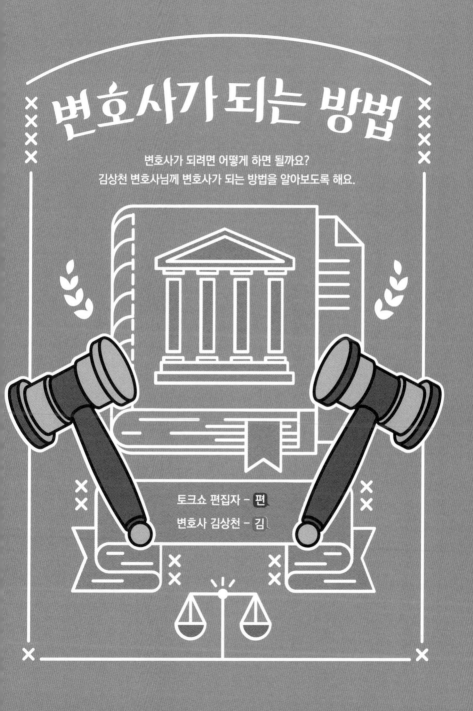

변호사가 되는 방법

변호사가 되려면 어떻게 하면 될까요?
김상천 변호사님께 변호사가 되는 방법을 알아보도록 해요.

토크쇼 편집자 - 편
변호사 김상천 - 김

자기소개를 부탁드려요.

편 자기소개를 부탁드려요.

김 안녕하세요. 김상천 변호사입니다. 2009년에 로스쿨이 처음 생겼을 때 강원대학교 법학전문대학원(이하 '로스쿨')에 1기로 입학해서 2012년 2월에 졸업하고 검사로 일하다가 지금은 변호사로 일하고 있어요.

편 로스쿨에 입학하기 전에는 무슨 일을 하셨나요?

김 저는 원래 대학에서 컴퓨터를 전공했어요. 공대를 졸업한 후 대학원에 진학해 컴퓨터공학으로 석사 학위를 받았어요. 그 후 대전에 있는 연구소에서 프로그램 개발을 하는 등 엔지니어 생활을 5년 정도 했어요.

로스쿨에 입학하게 된 계기가 있나요?

편. 컴퓨터공학으로 석사 학위까지 받으셨는데 로스쿨에 입학하게 된 계기가 있나요?

김. 당시 같이 회사를 다니던 선배 중에 믿고 따르던 형이 있었는데 그분이 유학을 가시더라고요. 늦은 나이에 유학길에 오르는 선배를 보면서 여러 가지 생각을 하게 됐어요. 여기서 안주하면 안 되겠다는 자극을 받은 거죠.

그래서 유학을 가서 컴퓨터 공학을 계속 공부해 보려고 알아보고 있었어요. 그러던 중에 우리나라에 로스쿨이 생긴다는 기사를 보게 됐죠. 그 기사를 읽고 새로운 도전을 하고 싶었어요. 충동적인 면도 있었지만, 법조계에서 전문적인 분야를 구축할 수 있을 것 같다는 생각이었어요.

편. 로스쿨을 졸업하고 검사로 먼저 일을 하셨는데 검사는 어떻게 임용되는 건가요?

김. 변호사시험 외에 검사시험을 통과해야 해요. 로스쿨 졸업예정자를 대상으로 검찰에서 신규 검사임용 공고를 올리는데 이때 지원할 수 있어요. 서류전형, 실무기록평가, 인성검사, 역량평가를 종합해 평가하는데 합격하면 일단 검사임용 예정자가 돼요. 그리고 변호사시험에 합격하면 검사로 임용되는 거예요. 저희 때는 사법시험도 있었기 때문에 사법시험으로 50%, 로스쿨 학생 대상으로 50% 임용했던 걸로 기억해요. 그렇게 해서 검사 임용이 됐고 검사 생활은 3~4년 정도 했어요.

편 검사를 그만둔 이유가 있나요?

김 검사 업무를 하면서도 엔지니어로서 일한 경험이 많이 도움이 됐지만, 관련 분야의 수사 경험을 살려 전문적인 영역을 구축하고 싶었어요. 마침 그때 첫째 딸이 태어났는데, 가족과 함께하는 시간을 충분히 가지고 싶다는 생각도 있었고요.

편 엔지니어에서 검사로 변신 후 다시 변호사까지……. 굉장히 스펙타클하시네요.^^

변호사가 되는 방법을 알려주세요.

편 변호사가 되는 방법을 알려주세요.

김 예전에는 사법시험(사법고시)에 합격하고, 사법연수원에서 교육을 받으면 변호사가 될 수 있었어요. 그런데 2017년 12월 31일로 사법시험이 폐지됐어요. 지금은 로스쿨을 졸업한 후 변호사시험에 합격하면 변호사 자격이 주어져요. 중간에 사법시험을 통과하는 방법과 로스쿨을 졸업해서 변호사시험을 치르는 방법, 두 가지 방법이 존재했던 기간도 있었지만, 현재 사법시험은 폐지되었기 때문에 변호사가 되려면 로스쿨을 졸업해야 하죠.

편 로스쿨 입학 자격이 따로 있나요?

김 우선 대학교 4년 과정을 마쳐야 로스쿨에 입학할 수 있어요. 우리나라 로스쿨은 3년제로 운영되고 있으니 변호사시험을 보려면 최소 7년을 공부해야 하는 거죠.

흔히 사법시험을 개천에서 용 나는 시스템이라고 알고 있는데, 실제로는 그렇지 않아요. 사람들의 오해라고 생각해요. 물론 예전에는 고등학교 졸업 후 사법시험에 합격하는 경우가 조금 있었어요. 제가 검사로 있을 때만 해도 선배 중에 그런 분들이 간혹 있었죠. 하지만 최근에는 거의 없다고 보시면 돼요. 혹시나 하고 사법시험 합격에 대한 기사를 찾아봤는데 2009년부터 마지막 사법시험이 있었던 2017년까지 고등학교 졸업자 이하의 학력을 가진 사람 중에 사법시험을 합격한 사람은 한 명도 없어요. 사법시험 자체가 고등학교를 졸업하고 치를 수 있는 정도의 시험은 아닌 거라고 할 수 있어요.

일반적으로 사법시험 준비에는 돈이 많이 필요하지 않을 거라고 생각하는데 학원비와 교재비 등 비용이 많이 들어요. 게다가 시험 준비하는 기간이 짧게는 1~2년에서 보통 3~4년이고, 길면 5~6년이 걸리니까 학비와 생활비가 전적으로 지원되어야 하거든요. 그렇지 않으면 합격할 수 없는 시험이 돼 버린 거죠. 예전에는 공부량이 많지 않았지만, 점차 사법시험이 어려워지면서 공부량도 많아져서 학원 시스템을 통과하지 않으면 거의 불가능하거든요. 돈이 없으면 사법시험 준비도 현실적으로 어려웠던 거죠.

로스쿨도 최소 3년간의 학비와 생활비가 드는 것은 사실이지만 오히려 체계적인 장학제도가 있어서 경제적으로 어려운 사정의 학생들에게 유리할 수도 있는 제도예요. 저도 로스쿨 진학 당시 경제적으로 넉넉하지 않았는데 장학금을 받아서 공부할 수 있었어요.

로스쿨은 어떻게 가나요?

편 로스쿨은 어떻게 가나요?

김 앞에서 말했듯이 로스쿨에 입학하려면 우선 학사 학위는 반드시 갖추고 있어야 해요. 그다음 로스쿨 전형요소를 만족시켜야 하는데, 전형 방법은 크게 서류전형과 면접으로 나눌 수 있어요. 서류전형은 법학적성시험(LEET, 영어 약자를 줄여서 리트라고 부른다), 학점, 공인영어성적(토익, 토플, 텝스 등), 그리고 자기소개서나 학업계획서 등의 서류 요소가 있어요.

편 로스쿨 입시에서 가장 중요한 것은 무엇인가요?

김 의외라고 생각할 수도 있겠지만 저는 학점이 가장 중요하다고 생각해요. 왜냐하면 리트나 토플, 텝스는 여러 번 볼 수 있으니 점수를 올릴 수 있거든요. 하지만 대학교 생활에서의 학점은 바꿀 수 없잖아요. 4년이 끝나면 어떻게 할 수가 없어요. 그러니 가장 중요하죠. 로스쿨에 계신 교수님들도 학부의 학점을 굉장히 중요시 여긴다고 해요. 실제로 학점이 좋은 친구들이 성실하고 로스쿨 생활도 잘 적응하기 때문이죠.

편 로스쿨에 입학하기 유리한 전공이 있나요?

김 로스쿨 제도 초기인 2~3기까지만 해도 법학 전공자가 조금 유리했던 것 같아요. 로스쿨이 생기고 나서 성과를 측정하는 지표 중에 사람들이 가장 쉽게 생각할 수 있는 게 어느 로스쿨 출신이, 얼마나 변호사시험에 합격했는가인데, 아무래도 기존에 법학을 배웠거나, 사법시험을 준비했던 사람들이 법학에 대한 적응력이 훨씬 뛰어났기 때문이라고 생각해요. 하지만 최근에는 특정 학과가 더 유리하다고 단정할 수 없을 것 같아요.

편 변호사님은 학점이 좋았나요?

김 저는 원래 컴퓨터를 좋아해서 전공을 택했기 때문에 학과 공부가 어렵지 않았어요. 그래서 학점은 괜찮았죠.^^

리트(LEET)가 궁금해요.

편 리트(LEET, 법학적성시험)가 궁금해요.

김 법학전문대학원 교육을 이수하는 데 필요한 수학 능력과 법조인으로서 지녀야 할 기본적 소양을 가지고 있는지를 판별하기 위한 시험이에요. 지식을 묻는 시험이 아닌 분석력, 사고력, 문제해결 능력을 측정하죠. 시험 과목은 언어이해, 추리논증, 논술 이렇게 세 과목으로 구성돼 있어요.

문제 형태는 해마다 조금씩 달라지기도 하는데 언어이해는 수능의 언어영역과 비슷하지만 난이도가 더 높다고 생각하면 되고, 추리논증은 수학하고 비슷하지만 명확하게 숫자를 다루지는 않는, 말 그대로 논리력 테스트라고 보면 돼요. 논리와 추리력을 테스트하는 문제죠. 논술은 일반적으로 생각하는 글쓰기라고 할 수 있을 것 같네요.

1교시 언어이해 30문제 70분, 2교시 추리논증 40문제 125분, 3교시 논술 2문제 110분이죠. 1, 2교시는 오지선다형, 3교시는 서술형이에요.

법학적성시험이 예전 사법시험 공부하듯이 다 외워서 하는 유형의 시험은 아니에요. 기존의 독서능력이나 추리능력 등을 다양한 방법으로 체득할 수 있는 그런 스타일의 시험이라고 할 수 있죠. 물론 학생에 따라 학원에 다니는 친구들도 꽤 있는 것 같지만요.

———————— ✕ 더 알고 싶어요! ✕ ————————

로스쿨 입학에 필요한 요소

1. 4년제 학사 학위(전공 무관)

2. 학부 성적(GPA) : 공식적으로 30% 정도 반영되는데 높을수록 유의미하다.

3. 법학적성시험(LEET) : 로스쿨 준비의 핵심은 바로 리트 점수이다. 학교별 1단계 전형요소 기준으로 적게는 20%, 많게는 50%까지 반영한다. 과목은 언어이해, 추리논증, 논술 총 3과목으로 이루어져 있다.

4. 공인영어 성적(토익, 토플, 텝스) : 로스쿨별로 요구하는 시험의 종류와 반영 비율이 다르다. 공식적으로 20~30%의 영향력을 차지한다고 할 수 있다. 일반적으로 대부분의 로스쿨에서는 토익, 토플, 텝스를 모두 반영하며, 서울대 로스쿨과 고려대 로스쿨은 토익을 반영하지 않는다.

5. 서류 : 정성 요소를 평가하기 위한 것으로 자기소개서, 수상실적, 봉사활동 등이 포함되어 있다.

우리나라 로스쿨은 언제 처음 생겼나요?

편 우리나라 로스쿨은 언제 처음 생겼나요?

김 로스쿨의 정식 명칭은 법학전문대학원이에요. 1995년부터 도입 여부가 논의되었고, 2007년 관련 법안이 통과되어, 2009년 3월에 1기가 입학했어요.

편 로스쿨이 있는 대학은 어디인가요?

김 25개 대학에 로스쿨이 있어요. 구체적으로는 강원대, 건국대, 경북대, 경희대, 고려대, 동아대, 부산대, 서강대, 서울대, 서울시립대, 성균관대, 아주대, 연세대, 영남대, 원광대, 이화여대, 인하대, 전남대, 전북대, 제주대, 중앙대, 충남대, 충북대, 한국외대, 한양대(이상 25개 대학, 가나다순)예요. 모집 정원은 학교마다 인가받을 때 정원이 정해졌는데 서울대가 150명으로 제일 많고, 서강대, 건국대, 강원대, 제주대가 40명으로 정원이 적은 편이고, 나머지 학교는 80명 또는 100명 등 다양하게 있어요. 합쳐서 총 25개 대학, 2,000명 정원이죠.

로스쿨 입시 준비는 어떻게 했나요?

편 변호사님은 로스쿨 입시 준비를 어떻게 했나요?

김 저는 1기였기 때문에 로스쿨 입학이나 입학 후의 진로가 굉장히 불투명한 상황이었어요. 기출문제도 없어서 유사한 시험인 공직적성시험(PSAT) 등의 문제를 풀어보면서 준비했죠. 영어 공부나 한자 공부도 했지만 특별히 다른 준비를 한 건 없어요. 그때는 입학시험 자체가 어려웠다기보다 어떻게 준비해야 하는지 모르는 상황인 게 어려움이었던 같아요.

편 얼마나 준비했나요?

김 처음부터 로스쿨을 목표로 한 것이 아니라 유학을 준비하다가 로스쿨 시험을 본 거라 준비 기간을 정확하게 산정하기가 애매하네요. 회사를 그만두고 로스쿨 입학하기까지 대략 1년 정도 걸린 것 같아요.

편 로스쿨 경쟁률은 어떻게 되나요?

김 경쟁률은 학교마다 그리고 해마다 달라요. 기사에 의하면 5:1 정도라고 해요. 저희 때는 7:1~ 8:1 정도 됐는데 조금 줄었어요.

로스쿨 경쟁률

2021학년도 전국 25개 법학전문대학원(로스쿨) 입시 경쟁률이 평균 4.88대 1로 지난해보다 소폭 하락했다. 또한, 수도권 소재 로스쿨은 대부분 경쟁률이 낮아진 반면, 비수도권 로스쿨의 경쟁률은 오른 추세다. 최근 들어 LEET 성적과 학부 성적 등이 낱낱이 공개된 영향이 컸을 것이란 분석이 제기된다. 자신의 성적과 비교했을 때 합격 가능성이 낮다고 판단하기 쉬운 수도권 로스쿨을 수험생들이 기피하는 경향이 나타났다는 것이다. 반작용으로 수험생들의 뜨거운 관심을 받은 비수도권 로스쿨 가운데 원광대 로스쿨은 지난해 서강대가 기록했던 12.78 대 1을 넘어선 13.77 대 1의 '역대 최고 경쟁률'을 기록하기까지 했다. 결과적으로 이번 경쟁률은 역대 13번의 입시 중 7번째로 높은 경쟁률이다.

출처 : 한국대학신문 - 409개 대학을 연결하는 '힘'(http://news.unn.net)

편 안정적으로 직장 생활을 하다가 갑자기 로스쿨을 가겠다고 했을 때 가족의 반응은 어땠나요?

김 저는 아버님이 일찍 돌아가셔서 어릴 때부터 좀 독립적이었어요. 그래서 진로에 대해서도 제가 주도적으로 결정하는 편이었죠. 어머니께서도 내키진 않으셨겠지만 제가 이미 경제적으로 독립한 상태이고 제 결정이기 때문에 크게 반대는 하지 않으셨어요.

편 당시 그런 의논을 할 수 있는 분이 있었나요?

김 지금의 제 아내랑 했죠. 그때는 연애 중이었지만요. 제가 오랜 기간 연애하고 결혼했어요. 중요한 결정이 필요한 일은 아내와 상의하는 편이에요.

로스쿨 교과 과정과 수업 방식은 어떤가요?

편 로스쿨 교과 과정과 수업 방식은 어떤가요?

김 기존의 대학교 과정과 거의 비슷하다고 보면 돼요. 저는 공대에서 대학원 생활을 했었기 때문에 법학전문대학원도 비슷할 거라고 생각했어요. 공대 대학원처럼 수업은 적고 연구 활동이 많을 거라 생각했는데, 수업과 공부량이 많아서 대학원 분위기라기보다는 거의 고등학교와 대학교 중간 정도의 분위기였어요.

실무 교육이 충분하지 않다는 비판도 있지만, 기존 법학 교육 과정보다는 실무에 더 가까운 교육이 이루어지는 것은 사실이에요. 현직 판사·검사들이 직접 강의를 하는 과목도 있고, 판사, 검사, 변호사 출신의 교수님들이 실무에 필요한 내용의 강의도 많이 하니까요. 실제 시험에서도 그분들의 강의가 도움이 많이 됐어요. 기존 법대에서는 학문적으로 법학을 공부했던 분들의 강의가 대부분이었던 반면 로스쿨에서는 실무적으로 도움이 될 수 있는 내용의 강의가 많았던 것 같아요.

방학 때는 짧게나마 법원, 검찰, 로펌 등에 실무 수습을 나가서 현장 분위기를 좀 익힐 수도 있어요. 법원에 가서 교육을 받는 경우도 있고, 검찰에서 만든 실무 수습 프로그램도 있고요. 아예 큰 로펌에 가서 직접 분위기 파악도 할 수 있죠. 실무 병행이라고 하면 그 정도예요. 물론 충분하지 않다는 비판도 있고, 앞으로 많은 보완이 필요하다고 생각해요.

사법고시가 있던 시절에 혼자 공부했던 고시생과 비교하면 효율적인 부분도 있지만, 비효율적인 부분도 있죠. 개인 차이가 있으니까요. 집중해서 정리하는 것은 혼자 하는 것이 효율적이고, 서로 격려해 주거나 궁금한 점을 해결하기 위해서는 서로 도와 가며 하는 것이 좋다고 생각해요.

편 얼마 전에 "로스쿨 들어가도 치열한 경쟁…"이라는 기사를 봤습니다. 변호사시험만 통과하면 되니 로스쿨 내에서의 경쟁은 없을 거라 생각했는데 아닌가요?

김 저처럼 나이 들어서 입학한 경우, 로펌에 취업하는 것보다 개업을 목표로 하는 학생들은 학점에 신경을 덜 쓰기도 해요. 하지만 검사나, 법원 재판연구원을 희망하거나, 큰 로펌에 들어가려면 기본적으로 학점이 좋아야 하죠. 장학금을 받기 위해서도 일정 학점 이상이어야 하기 때문에 굉장히 열심히 공부해요. 하루 이틀만 공부하지 않아도 수업을 따라가지 못하고 잘못하면 유급을 당할 수도 있어요.

로스쿨에서 공부하면서 힘들었던 점은 무엇인가요?

편 로스쿨에서 공부하면서 힘들었던 점은 무엇인가요?

김 로스쿨 공부는 처음부터 쉽지 않았어요. 저는 대학에서 공학을 전공했기 때문에 법학이 생소한 분야라 흥미를 느끼기 어려웠거든요. 게다가 어려운 용어가 많아서 성적이 좋지 않았죠. 특히 형법과 형사소송법이 너무 재미없었어요. 로스쿨 초반에는 형법과 형사소송법을 제외하고 수업 시간표를 만들었을 정도였어요. 그러다 좋은 교수님을 만나게 되었고, 또 계속 공부하다 보니 나름 흥미를 느끼게 됐어요. 흥미를 가지고 열심히 하니 성적도 잘 나오더라고요. 덕분에 실무 수습도 검찰에서 개설한 프로그램에 지원해서 가게 되었고, 그렇게 검사가 됐죠.

처음에는 가장 싫어하고 힘든 과목이었던 형법, 형사소송법이 점차 공부를 해가면서 가장 재미있는 과목이 된 것을 보면, 당장의 흥미가 없다고 포기하거나 멀리하면 안 된다는 걸 확실히 알게 되었어요.

변호사시험의 응시 자격은 어떻게 되나요?

편 변호사시험의 응시 자격은 어떻게 되나요?

김 로스쿨 3년 과정을 이수하면 응시할 수 있어요. 로스쿨을 졸업한 후 5년 이내 5회까지 응시할 수 있죠. 5년 동안 5번의 기회가 있는 건데 그 기한 내에 통과하지 못하면 로스쿨을 졸업하고도 변호사가 될 수 없는 거예요. 대학 4년에 로스쿨 3년까지 7년을 공부했는데 변호사가 되지 못하는 경우가 생기는 거죠. 사실 이게 불합리하다는 논란도 있어요. 특히, 아파서 시험을 보지 못하는 경우에는 치료 기간 예외에 대한 논란도 있고요.

물론 예외가 아예 없는 건 아니에요. 군대에 복무한 기간은 제외돼요. 그것 외에 다른 예외는 없어요.

편 다른 로스쿨에 입학해서 새로 시작하면 다시 자격이 주어지나요?

김 아뇨. 헌법재판소에서 로스쿨에 재입학하더라도 최초 졸업 후 5년이 지나면 추가적인 변호사시험 응시 기회가 없다는 판단을 내린 바 있어요.

변호사시험의 난이도는 어떤가요?

편 변호사시험의 난이도는 어떤가요?

김 쉬운 시험은 아니에요. 시험은 선택형, 사례형, 기록형이 있는데 선택형은 객관식, 사례형은 논술식, 기록형은 실제 사건 기록과 유사한 기록으로 문제를 해결하는 형태의 시험이에요. 중간 휴식일 하루를 포함해 5일간 진행되는데 오전 10시에 시작해서 저녁 7시에 끝나요. 체력적으로도 힘들죠. 과목으로는 민법, 민사소송법, 상법, 형법, 형사소송법, 헌법, 행정법으로 구성되고 여기에 선택법이 추가되는데 국제법, 국제거래법, 노동법, 조세법, 지적재산권법, 경제법, 환경법이라는 7개 법률 선택과목(택1) 중 하나를 택해야 해요.

사법시험이 떨어트리기 위한 시험이었다고 한다면, 변호사시험은 일정 자격이 되는 사람은 통과시키는 것을 목표로 하는 시험이라 할 수 있어요.

편 변호사시험 합격률은 어떤가요?

김 제1회 시험에는 1,665명 응시해서 1,451명이 합격했어요. 87.14%의 합격률이죠. 하지만 2020년 9회 시험에는 3,316명 응시해 1,768명 합격했어요. 합격률이 53.32%인 거죠. 전년도 불합격자가 누적되어 시험을 보기 때문에 변호사시험 합격률이 계속 낮아지고 있어요.

편 로스쿨을 졸업하고 변호사시험에 합격했을 때 소감은 어떠셨나요?

김 저는 검사시험에 먼저 합격하고 변호사시험 합격을 기다리고 있던 때라 정말 기뻤어요. 조건부 합격의 마지막 단계였으니까요. 검사시험에 붙었는데 변호사시험에 떨어진 사람이 있다더라, 이런 민망한 상황이 될 수도 있어서 좀 긴장하긴 했거든요.

로스쿨 출신 변호사이기 때문에 겪는 애로사항이 있나요?

편. 로스쿨 출신 변호사이기 때문에 겪는 애로사항이 있나요?

김. 예전에는 많았어요. 저는 나이가 많은 편이라 좀 덜하기는 했는데, 기존 사법시험 출신의 검사, 변호사들 중 일부는 로스쿨을 졸업한 변호사들을 별로 안 좋아하는 경우도 있었죠. 하지만 요즘은 많이 달라졌어요.

편. 로스쿨 전의 이력이 변호사 업무에도 도움이 되나요?

김. 예전에 컴퓨터 관련 일을 했었으니까 아무래도 그쪽 일에 관심이 많고 변호사 일에 도움도 돼요.

편. 실무를 할 때 로스쿨에서의 학업 과정이 도움이 많이 되나요?

김. 물론 도움이 많이 돼요. 실무에서만 알 수 있는 것들도 있지만, 학업 과정을 제대로 이수하지 못하면 실무의 일을 하는 것이 거의 불가능하죠.

어떤 성격이 변호사에 어울릴까요?

편 어떤 성격이 변호사에 어울릴까요?

김 요즘에는 사내변호사처럼 회사에서 일하는 경우도 많고, 시민단체에서 일하는 등 예전에 비해 변호사도 굉장히 다양한 일을 하고 있어요. 그렇기 때문에 어떤 성격이 좋다고 단언하기는 힘든 것 같아요. 그렇지만 사람들과 대화하는 것을 좋아하고 꼼꼼한 성격이 도움이 될 것 같아요.

편 성인이 돼서 진로를 변경하셨잖아요. 어떠신가요?

김 저는 직장을 다녔어도 그렇게 나이가 많았던 건 아니에요. 제가 로스쿨 시험을 본 게 갓 서른 넘었을 때죠. 직장생활을 했지만 그래도 젊은 시기였기 때문에 그런 결정을 내릴 수 있었던 것 같아요. 지금도 그때 동료들을 자주 만나는데, 저는 연구소 사람들을 부러워하고 그분들은 저를 부러워해요. 사실 일 자체만 보면 개인적으로는 엔지니어 쪽 일이 훨씬 재미있어요. 하지만 사람이 살아가는 데는 흥미, 적성, 경제적인 면 등 고려할 사항이 많으니까 선택에 후회는 없어요.

성취감을 느끼는 순간은 언제인가요?

편 성취감을 느끼는 순간은 언제인가요?

김 변호사는 사람들을 도와주는 일을 많이 하기에 기억에 남는 일들이 많아요. 특히, 민사사건은 대등한 사람들끼리 다투는 반면에 형사사건은 변호사보다 경찰이나 검사가 유리한 면이 많죠. 그래서 무죄를 입증하거나, 구속영장을 기각시켜 의뢰인을 석방시켰을 때 기억이 많이 남아요. 최근에도 담당 경찰관을 만나보니 의뢰인이 범인이라고 거의 확신에 차 있었던 사건이 있어요. 정말 열심히 의견서를 작성하고, 비슷한 사건의 판례도 어렵게 찾아서 제출하고 했어요. 결국 경찰도, 검사도 설득이 돼서 잘 해결됐죠. 사건이 끝나고 의뢰인과 한참을 기뻐했어요.

또, 다른 사람들은 모두 의뢰인이 구속될 거라고 생각했던 사건도 있었어요. 구속 여부를 결정하는 것은 매우 빠르게 진행되기 때문에 잠도 거의 못 자면서 의견서를 작성하고, 법정에 가서 열심히 변론했죠. 한참 있다가 신문에 의뢰인이 석방되었다고 나오는데 정말 기뻤어요. 나중에 그 사건을 수사했던 경찰들이 의견서나 변론이 좋았다고 인정해 주더라고요.

변호사는 상담도 많이 하는데 기억에 남는 상담도 많아요. 의뢰인들의 이야기라 상담 내용을 구체적으로 말할 수는 없지만, 상담만으로도 문제가 해결되는 경우도 많아요. 신기한 건 상담 과정에서 스스로 답을 찾으시는 분도 종종 있다는 거예요. 답을 만들어내는 것도 좋지만 이미 스스로 답을 알고 있다는 것을 알려주는 것도 중요한 것 같아요.

미래보안기술포럼에서 '데이터3법의 현황과 주요 이슈'라는 주제로 최근 개정된 '개인정보보호법', '정보통신망법', '신용정보보호법'의 주요 개정 내용과 쟁점에 대해 발표하고 있다. 변호사가 되기 전에 컴퓨터 관련 일을 했기 때문에 관련해서 관심이 많다.

변호사를 꿈꾸는 청소년들에게 한 말씀 부탁드려요.

편 변호사를 꿈꾸는 청소년들에게 한 말씀 부탁드려요.

김 사실 로스쿨에 입학했을 때만 해도 저는 변호사라는 직업에 대해 잘 몰랐던 것 같아요. 제 주변에 법조인이 없었거든요. 생각보다 변호사 일이 바쁘더라고요. 그리고 어려운 사람들이 많기 때문에 심적으로 힘든 경우가 굉장히 많아요. 변호사는 다른 사람의 어려움을 공감할 수 있어야 하는 직업이에요. 그래서 다양한 경험이 필요한 것 같아요. 그렇다고 해도 일단 성적이 좋아야 하기 때문에 학교 공부를 충실히 하는 것이 가장 중요해요.

대부분의 사람들이 진로를 선택할 때 남들이 가는 길과 가지 않는 길, 크게 나누면 그렇게 선택하잖아요. 조금 과격하게 얘기하는 분들은 남들이 안 하는 걸 해야 성공한다고 하는데 제가 그런 타입이에요. 남들이 가지 않는 길을 간 셈이죠. 대학교 친구들 사이에서 저는 굉장히 일탈한 거예요. 그런데 남들이 가지 않는 그런 길이라고 아무 준비도 없이 갈 수는 없어요. 사회가 요구하는 요건들은 미리 갖춰야 해요.

언제 어디서나 성실하고 준비하는 자세를 가지는 것이 중요하다고 생각해요.

연봉은 어느 정도인가요?

편 연봉은 어느 정도인가요?

안 변호사가 하는 업무마다 수입은 천차만별이에요. 특히 로펌 변호사나 개업 변호사는 어떠한 업무를, 얼마나 하는지에 따라서 수입이 달라요. 다만 법무법인의 신입 변호사의 급여는 대형 로펌인 경우 월 800~1,000만 원, 중소 로펌의 경우 월 400~600만 원 정도인 것 같아요.

공무원이나 사내변호사는 정해진 급여를 받는데, 신입 변호사의 경우 공무원 5~6급에 해당하고, 사내변호사는 대리 또는 과장 직급부터 시작한다고 해요. 직급에 해당하는 급여를 받는 것으로 알고 있어요.

편 변호사도 직급 체계가 있나요?

안 일반적으로 로펌에는 파트너 변호사와 어쏘 변호사가 있어요. 파트너 변호사는 로펌의 지분을 가지고 있고, 월 급여 외에 이익배당금을 받는 형태예요. 하지만 지분을 가지고 있지 않더라도 경력이 쌓인 변호사를 파트너 변호사로 부르기도 해요. 이에 반해서 어쏘 변호사는 지분이 없고 정해진 급여를 받아요.

사건은 어떻게 수임하나요?

편 사건은 어떻게 수임하나요?

안 기존 의뢰인이 소개하기도 하고, 회사나 국가기관의 소송 담당자를 통한 것도 있고, 강의를 수강한 수강생이 사건을 위임하기도 해요. 변호사들끼리도 본인이 잘 담당하지 않는 사건을 연결해 주기도 하죠.

편 수임료의 기준이 있나요?

안 소송의 난이도나 '소가(訴價, 소송을 통해 달성하려는 경제적 이익을 화폐 단위로 평가한 금액)', 변호사의 경험과 능력에 따른 기준이 있긴 해요. 하지만 기본적으로 수임료는 의뢰인과 변호사가 협상하기 나름이에요. 민사소송에서는 소가에 따른 변호사 선임료 기준이 있긴 하지만 그건 패소한 측에서 부담하는 비용을 산정한 것뿐이죠.

편 '소가'에 따른 기준이라는 게 뭔가요?

안 소가란 원고가 소로서 주장하는 권리 또는 법률관계에 관하여 가지는 이익을 객관적으로 평가해 금액으로 표시한 거예요. 승소한 사람은 패소한 사람에게 자신이 쓴 변호사 보수 등 소송 비용을 부담하게 할 수 있어요. 불필요한 소송에 휘말렸으니까요. 하지만 변호사 비용을 터무니없이 책정하면 안 되겠죠. 이런 상황을 위해 정해놓은 변호사 수임료 기준이 있어요.

소송 비용에 산입되는 변호사 보수를 소송 목적의 값, 즉 소가에 따라 정해진 비율을 곱해 산정하도록 하고 있어요. 이를테면, 소가 2,000만 원까지는 10%, 1억 원 초과 1억 5,000만 원 이하는 4%, 5억 원 초과는 0.5%로 규정한 것이죠. 그 기준보다 초과한 변호사 비용은 승소하더라도 상대방에게 청구할 수 없어요.

맡은 사건이 끝날 때까지 시간은 얼마나 걸리나요?

편 맡은 사건이 끝날 때까지 시간은 얼마나 걸리나요?

안 사건마다 차이가 커요. 민사사건 또는 행정사건 같은 경우는 처음 시작해서 끝날 때까지 평균 6개월에서 1년 정도 소요돼요. 형사사건은 불구속인 경우 6개월에서 1년, 구속인 경우는 구속 기간이 정해져 있으니까 좀 빨리 진행이 되는 편이에요.

편 의뢰인은 보통 몇 번이나 만나시나요?

안 이것도 사건마다 달라요. 보통 수임을 의뢰하러 올 때 한 번 미팅하고, 사건을 위임해서 진행하기로 결정하면 내용을 자세하게 듣기 위해서 또 만나죠. 그 후 서면 작성을 위해 두세 번은 더 만나는 것 같아요. 그 외 전화, 카톡, 이메일 등을 통해 수시로 소통하고 있어요.

편 의뢰인이 변호사를 여러 명 선임하기도 하나요?

안 그럼요. 한 로펌 안에서 파트너 변호사와 어쏘 변호사가 같이 담당 변호사로 지정되어 함께 일하는 경우도 많아요.

업무 강도는 어느 정도인가요?

편 업무 강도는 어느 정도인가요? 자기 시간을 조절할 수 있나요?

안 변호사들의 업무 강도는 센 편이에요. 기업 자문을 주로 하는 변호사들은 기업 담당자의 문의가 있을 때 신속하게 답변해야 하는 경우가 많아서 자기 시간을 조절하기 힘든 경우를 많이 봤어요.

반면에 송무를 주로 하는 변호사들은 업무 강도가 세더라도 기일이 예측 가능하니 서면을 미리 써놓을 수 있어서 자신이 일정을 조절할 수 있죠. 재판이 겹치는 경우는 기일 변경 신청을 하기도 하고요.

편 드라마를 보면 같은 로펌 안에서도 서로 경쟁하던데 사무실의 분위기는 어떤가요?

안 글쎄요. 대형 로펌인 경우는 파트너 승진을 위해서 그런 경우도 있다고 들었는데 우리 사무실은 그런 것은 없어요. 사건을 함께 하는 경우 서로 협력하는 정도의 관계에요.

편 승률이 중요한가요?

안 소송에서 승소하는 것은 물론 중요해요. 하지만 승소 가능성이 낮은 사건이라도 당사자와 변호사가 최선을 다해서 해보는 사건도 있고, 합의 가능성을 기대하고 소송을 시작하는 경우도 있어서 단순히 승률만을 가지고 변호사를 평가할 수는 없을 것 같아요.

편 정년은 언제까지인가요?

안 로펌에서 정년을 두고 있는 회사도 있지만, 일반적으로 변호사는 정년이 없다고 볼 수 있어요. 저는 변호사는 나이가 들수록 오히려 지식이나 경험이 풍부해 더 빛날 수 있는 직업이라고 생각해요.

편 다른 분야로 진출할 수 있나요?

안 최근에는 변호사 자격을 가지고 다른 일을 하는 경우도 많은 것 같아요. 로스쿨 도입 후에 다양한 배경을 가진 변호사들이 생기면서 더욱 그런 것 같고요. 정치를 하거나 사업을 하는 변호사들도 있죠.

변호사를 꿈꿨을 때와 실제 변호사가 된 후
다르게 느껴지는 점이 있나요?

편 변호사를 꿈꿨을 때와 실제 변호사가 된 후 다르게 느껴지는 점이 있나요?

안 막연히 변호사에 대해 생각했던 것보다 실제로는 서면 업무가 더 많아요. 컴퓨터 앞에서 서면을 작성하는 시간이 대부분이죠. 또 연차가 점점 쌓이니 사건을 수임해야 하는 스트레스도 생각보다 많은 것 같아요.

"

김상천 변호사님이 로스쿨을 졸업한 지도 꽤 오랜 시간이 흘렀네요.
로스쿨 1기로 입학했던 그때와 지금은 달라진 점도 있을 것 같아요.
법학전문대학원에 재학 중인 학생들의 이야기를 들어보시죠.

"

Q 간단한 자기소개를 부탁드려요.

A 강원대학교 법학전문대학원 12기 학생입니다. 학부는 경제학과를 졸업했으며, 관심 분야는 공정거래법이에요.

Q 로스쿨 진로를 결정하게 된 계기는 무엇인가요?

A 우선 학부 때 법학 과목을 수강하면서 법학에 대한 관심이 생겼어요. 그 후 산업조직론 및 법경제학 전공 교수님과 여러 번 상담하면서 학부 지식과 법학을 연계해 향후 법조계에서 활약할 수 있을 것이란 생각을 하게 됐고, 이에 로스쿨 진로를 결정했어요.

Q 입시는 어떻게 준비했나요?

A LEET 관련해서는 기출문제를 풀고 분석하는 공부를 위주로 해서 문제에 자주 사용되는 논리 등을 익혔어요. 대학교에서도 관련 논리학 과목을 들으면서 PSAT(Public Service Aptitude Test, 공직 적격성 평가) 등 유형이 비슷한 문제를 풀면서 대비했습니다.

Q 면접은 어떻게 준비했고, 핵심은 무엇이라고 생각하나요?

A 면접 대비를 위해 스터디를 2개 진행했어요. 그중 한 팀에서는 여러 학교의 기출문제를 풀면서 유형에 익숙해지도록 하면서 처음부터 실제 면접처럼 대비했죠. 다른 한 팀에서는 면접 관련 책을 정해 그에 대해서 토론식으로 자기 의견을 부담 없이 말하면서 면접에 나올만한 주제들에 대해서 깊이 생각해 보는 훈련을 했어요.

면접에서의 핵심은 차분한 태도로 면접관들의 반박 질문에 대해 논리적으로 답변을 하는 것이 중요하다고 생각해요. 강원대학교 법학전문대학원의 경우에는 서면 답안에서 교수님들이 읽기 좋도록 목차를 나눠서 쓰는 것도 중요하다고 생각해요. 면접에서 답안 첫인상이 좋다고 칭찬을 받았더니 확실히 긴장이 덜 되는 효과가 있었거든요.

Q 자기소개서 준비는 어떻게 하면 좋을까요?

A 제 개인적인 경험에 의하면 너무 많은 학생들과 자기소개서를 돌려보면서 피드백을 받으면 자칫해서 방향성을 잃고 중구난방 해지는 자기소개서가 될 수 있어요. 기업 관련 자기소개서나 법학전문대학원 자기소개서를 많이 써봤던 1~2명에게 계속해서 피드백을 받는 것이 좋다고 생각합니다.

Q 슬럼프나 어려움은 어떻게 극복했나요?

A 취미 생활을 통해서 극복했어요. 저는 공부를 하다가 스트레스를 받았을 때 주로 동기 형들과 운동을 했는데, 운동이 끝나고 다시 자리에 앉으면 집중력이 향상되더라고요. 또 운동하면서 공부에 대한 이야기도 나눌 수 있어서 심신의 안정도 찾았던 것 같아요.

Q 로스쿨 진학을 위해 학부 생활은 어떻게 하는 것이 좋은가요?

A 로스쿨 진학을 생각한다면 학부에서 최대한 성적을 잘 받아두는 것이 좋다고 생각해요. 학점의 경우에는 LEET 점수와 같이 로스쿨 입시에서 상당히 중요하고, 비중을 많이 차지하는 요소이기 때문에 1학년 때부터 학점 관리를 잘해야 해요. 그리고 교양이나 전공과목으로 열리는 법학 과목 또한 많이 수강해두는 것이 좋아요. 학부를 졸업하는 학생들이 자기소개서를 쓸 때 주요한 장점으로 작용할 것이라고 생각해요.

Q 로스쿨 입시를 준비하는 청소년에게 조언이 있다면요?

A 로스쿨에서 공부하는 것은 육체적, 정신적으로 상당히 힘든 과정을 겪게 돼요. 법학에 대해서 관심이 없고, 법조인이 되려는 마음이 뚜렷하지 않다면 입학 후 허송세월할 수 있으니 학부 졸업

을 하기 전까지 자신의 의지나 장래 희망 등에 대해서 꾸준히 고찰해보는 것이 좋을 것 같아요.

Q 로스쿨 커리큘럼은 어떻게 되나요?

A 1학년 때는 주로 민법과 형법 관련 과목들을 수강하게 되고, 2학년부터는 공법과 소송법 관련 과목들을 수강해요. 이후에 2학년 2학기 때부터는 실무 과목, 3학년 때는 주로 사례연습 등의 과목이 있어요.

Q 로스쿨에서의 생활은 어떤가요?

A 시험 기간엔 상당히 힘들지만, 목표를 뚜렷하게 정하고 진학했기 때문에 법학에 대한 지식이 쌓여가는 것에 대해서 아주 보람차고 기쁩니다.

Q 향후 어떤 법조인을 꿈꾸고 있나요?

A 학부 때의 전공을 살려, 공정거래법 관련 분야에서 법조인으로 일하고 싶습니다.

Q 간단한 자기소개를 부탁드려요.

A 안녕하세요, 강원대학교 법학전문대학원 12기 재학 중인 학생입니다. 학부는 신문방송 계통을 졸업했고, 공기업·공공기관에서 근무하며 로스쿨을 준비하다 운이 좋아 학업을 하게 되었습니다.

Q 로스쿨 진로를 결정하게 된 계기는 무엇인가요?

A 공기업·공공기관에서 근무 중에 일반 직장인으로서의 한계를 느꼈어요. 좀 더 전문성 있는 인재로 인정받고 싶다는 생각을 갖게 되었죠. 특히 행정 업무만 주로 하는 일반 직장인과 달리, 스스로의 커리어를 쌓아갈 수 있다는 점, 노력하는 만큼 보상이 돌아온다는 점이 결정적인 계기가 됐어요.

Q 입시는 어떻게 준비했나요?

A 직장인 시절, 퇴근 후 LEET 기출문제를 꾸준히 풀었어요. 기출문제를 다 풀면 지문을 복기했고, 문단별 주제 정리, 오답과 정

답 선지 구성원리 등을 고민하며 하루에 5~6시간 정도 공부했죠.

서류 접수 후에는 면접 스터디를 구성해서 면접을 준비했어요. 『김종수 로스쿨 면접 핵심 n제』를 중심으로 문제를 만들었고, 모의 면접 및 피드백 방식으로 진행했어요.

Q 면접은 어떻게 준비했고, 핵심은 무엇이라고 생각하나요?

A 앞서 말씀드린 것처럼, 스터디를 구성해서 준비했어요. 저 같은 경우는 시간이 많지 않아서 지원 학교에 무관하게 모인 1개의 스터디에서만 면접을 준비했고요, 미리 하나의 주제를 정해 문제를 풀고, 10~15분간 모의 면접 방식으로 공부했어요. 다만 답안의 논리력, 구성력 등은 수험생 입장에서 결국 도긴개긴이라 생각해 면접 태도나 말버릇 등을 교정하는 데 집중했어요. 압박 면접 형식으로 본인이 긴장하면 주장을 바꾸는지, 어떤 습관을 보이는지 등도 체크했고요.

강원대학교와 같이 서면 준비가 있는 곳은 목차를 나누는 연습을 하는 것도 중요하다고 생각해요. 무엇보다 면접 준비의 핵심은, '논리적으로 대항하는 것'을 두려워하지 않는 연습이라고 생각해요. 실전에서는 교수님의 반박에 대해 수긍하거나, 무조건 옳다고 하는 경우도 있는데, 둘 다 불합격으로 가는 지름길이에요. 논리적으로 해당 반박이 왜 잘못되었는지를 말하는 연습이 — 비록 반박이 틀렸더라도 — 중요해요.

Q 자기소개서 준비는 어떻게 하면 좋을까요?

A 먼저 자기소개서에 들어갈 재료(경험, 경력 등)를 수집하고, 해당 재료를 바탕으로 자기소개서에 요구하는 질문들을 채워나가는 것이 중요해요. 예를 들어, 학창 시절에 성적 우수상을 받은 경험이 있다면 A 자소서에는 '성적 우수상을 받을 정도로 성실했다(성실성)'로, B 자소서에는 '성적 우수상을 받기 위해 스터디를 조직했다(리더십)'로 쓸 수 있겠죠. 이처럼 글감을 풍부히 준비해두세요.

Q 슬럼프나 어려움은 어떻게 극복했나요?

A 운동 등의 취미 생활을 통해 극복했어요. 그 외에는 잠을 자거나 친구들과 이야기를 하는 등… 사실 극복 방법에 왕도는 없었던 것 같아요. 그때그때 풀었습니다.

Q 로스쿨 진학을 위해 학부 생활은 어떻게 하는 것이 좋은가요?

A 먼저 학점을 잘 챙겨두세요. 예전에는 GPA 95 정도면 상위권이었지만, 요즘은 평균값 정도가 됐어요. 그리고 법학 과목을 매

학기마다 꾸준히 수강해두시고, 봉사활동 시간도 채워나가세요. 관련 봉사활동이면 더 좋을 거예요.

그리고 매주 1회씩 꾸준히 LEET 푸는 걸 추천드려요. 해당 시험이 단기간(1년 안팎)에 성적을 끌어올리기 매우 어렵고, 사고방식 자체를 바꿔야 하는 시험이므로 계속 익숙해지는 게 중요해요.

Q 로스쿨 입시를 준비하는 청소년에게 조언이 있다면요?

A 법조인이 되고자 로스쿨에 진학하려는 청소년이라면 공부하는 습관을 몸에 들여두세요. 세 살 버릇 여든 간다는 말이 괜히 나온 게 아니에요. 로스쿨 입시에 가장 절대적인 척도가 출신 대학임은, 공공연한 비밀입니다.

청소년 시절부터 좋은 대학교를 목표로 꾸준히 공부하는 습관을 기른다면 어렵지 않게 목표를 달성할 수 있을 거예요.

Q 로스쿨 커리큘럼은 어떻게 되나요?

A 1학년에는 기본 3법이라 불리는 민법, 형법, 헌법을 배우게 되고, 2학년 때는 각종 소송법과 사례연습, 3학년 때는 기록과 변호사시험 준비를 위주로 짜여 있어요. 다만 학교별로 크게 다르니 참고만 하시길 바랍니다.

Q 로스쿨에서의 생활은 어떤가요?

A 시험 기간에는 3일 밤을 꼬박 새우는 경우도 있지만, 하고 싶은 공부를 하고 있어서 즐거워요. 한 번도 진학을 후회한 적은 없어요.

Q 향후 어떤 법조인을 꿈꾸고 있나요?

A 검찰 쪽으로 진로를 희망하고 있습니다만, 다양한 송무 경험을 쌓는 유능한 변호사가 되고 싶은 마음도 큽니다.

Q 간단한 자기소개를 부탁드려요.

A 안녕하세요. 현재 연세대학교 법학전문대학원에 재학 중인 학생입니다. 학부에서는 영어영문학과 심리학을 전공했어요.

Q 로스쿨 진로를 결정하게 된 계기는 무엇인가요?

A 어렸을 때부터 법조인이 되고 싶다는 막연한 꿈이 있었는데, 대학 진학 후에 로스쿨 제도가 본격적으로 시행되면서 구체적인 계획을 세우기 시작했어요. 또한 나이가 들어서도 일을 계속 이어나갈 수 있는 '전문직'이라는 점도 진로 결정에 큰 계기가 되었습니다.

Q 입시는 어떻게 준비했나요?

A 시기별로 설명하자면, 먼저 인터넷 강의 수강(겨울방학 ~ 1학기) 시기입니다. 저는 인터넷 강의를 선호하지 않는 편이어서, 메가로스쿨 기본강의 1~2개 정도만 수강했어요. 추리논증의 경우에는

문제 풀이에 기초가 되는 개념과 이론들을 강의를 통해 배워둔 것이 도움이 됐다고 생각해요.

두 번째는 기출 분석(여름방학) 시기예요. 기출문제 분석에 가장 시간을 많이 쏟았어요. 이전에 한 번씩 풀어두었던 기출문제를 여름방학 동안 3번 정도 반복해서 풀어보고, 오답을 분석했죠.

마지막으로 모의고사(겨울방학 ~ 여름방학)는 메가로스쿨, 법률저널 등에서 실시하는 모의고사를 응시하면서 시간 관리 등 시험 운영에 대한 시뮬레이션을 했어요.

Q 면접은 어떻게 준비했고, 핵심은 무엇이라고 생각하나요?

A 면접은 스터디를 통해서 준비하는 것이 가장 중요하다고 생각해요. 저는 자기소개서 제출 이후부터 스터디 2개를 병행하면서 일주일에 최소 4일은 면접 시뮬레이션을 해보면서 면접에 익숙해지기 위해 노력했어요. 지원하는 학교의 기출문제를 풀거나, 출제가 예상되는 주요 주제들을 공부하기 위해 문제를 직접 만들어 풀어보기도 했죠.

대부분의 학교들이 면접으로 점수를 크게 뒤집지는 못하기 때문에, 면접에서는 큰 실수를 하지 않고 무난하게 답하는 것을 목표로 하는 것이 좋다고 생각해요.

Q 자기소개서 준비는 어떻게 하면 좋을까요?

A 지인들로부터 얻거나 학원에서 배포하는 합격 자기소개서들을 읽어보면서 어떤 식으로 내용을 구성하는지에 대한 감을 잡는 것이 좋아요. 자신이 그동안 했던 활동과 수업을 나열해보고 그 속에서 연결점들을 만들어나가는 것이 가장 중요한 것 같습니다. 그리고 자기소개서 제출 2~3주 전에는 초안을 완성해 주변 친구들, 선배들, 혹은 교수님들께 피드백을 구하고 수정하는 시간을 갖는 것이 좋아요.

Q 슬럼프나 어려움은 어떻게 극복했나요?

A 로스쿨 첫 학기는 모두에게 시행착오의 시간이 되는 것 같아요. 따라서 선배들의 조언을 바탕으로 여러 공부법들을 시도해보면서 자신에게 맞는 방법을 빠르게 찾아내는 것이 중요해요. 그리고 첫 학기, 첫 시험은 모두에게 큰 난관이기 때문에 '망했다'는 생각이 들더라도 포기하지 않고 시험 직전까지 끝까지 최선을 다하는 것만이 극복할 수 있는 유일한 방법이라고 생각해요.

Q 로스쿨 진학을 위해 학부 생활은 어떻게 하는 것이 좋은가요?

A 학부 단계에서는 학점 관리가 가장 중요한 것 같아요. 최근

들어서 평균 학점이 계속 높아지고 있는 것 같아 로스쿨 선택에 있어 어려움을 겪지 않도록 학점을 잘 관리하는 것이 좋을 것 같습니다.

Q 로스쿨 입시를 준비하는 청소년에게 조언이 있다면요?

A 로스쿨 진학과 관련된 활동 외에도 자신이 관심 있는 분야를 다양하게 접해보는 것이 좋다고 생각해요. 저는 심리학 복수 전공, 공연 동아리, 창업 등 저의 관심사에 따라 여러 활동을 했었는데, 이후 로스쿨이나 로펌 자기소개서 작성에 많은 도움이 됐어요.

Q 로스쿨 커리큘럼은 어떻게 되나요?

A 변호사시험과 관련된 필수 과목들 위주로 수강하게 돼요. 주로 1, 2학년 때 주요 교과목을 수강합니다.

1학년 때는 민법(민법총칙, 채권총론, 채권각론, 물권법) + 형법(총론, 각론) + 헌법을, 2학년 때는 상법 + 민사소송법 + 형사소송법 + 행정법 + 검찰실무, 형사재판실무를 수강해요.

Q 로스쿨에서의 생활은 어떤가요?

A 고3을 다시 보내는 것과 같다고 생각했어요. 학부에 비해서

공부에 들이는 시간이 매우 많은 것은 사실이지만, 그만큼 동기들과 함께 보내는 시간이 많아 즐겁게 생활하는 것 같아요. 특히 시험을 한 번 치를 때마다 전우애도 생겨서 더 끈끈한 관계가 되는 것 같습니다.

Q 향후 어떤 법조인을 꿈꾸고 있나요?

A 끊임없이 공부하는 법조인이 되고 싶어요. 법학은 사회 변화와 밀접하게 관련이 있기 때문에, 로스쿨 졸업 이후 현업에 종사하면서도 그 변화의 흐름에 함께 하면서 많은 사람들에게 도움을 줄 수 있는 법조인이 되고자 합니다.

인터뷰 4

Q 간단한 자기소개를 부탁드려요.

A 안녕하세요. 현재 이화여자대학교 법학전문대학원에 재학 중인 학생입니다. 학부에서는 사회과학계열을 전공했어요.

Q 로스쿨 진로를 결정하게 된 계기는 무엇인가요?

A 법조인이라는 직업이 참 매력적이에요. 법조인이 되면 다양한 사람들을 만날 수 있고, 일을 하면서도 배움을 이어갈 수 있죠. 또한 사회적으로도 많이 기여할 수 있을 것이라 판단해 로스쿨에 진학했어요.

Q 입시는 어떻게 준비했나요?

A 로스쿨에 진학하려면 정량적인 요소로는 법학적성시험, 토익, 학부 성적이 필요하고 정성적인 요소로는 자기소개서 작성 및 면접 준비가 필요해요. 그중에서도 특히 입시 결과에 큰 비중을 차지하는 법학적성시험에 집중했어요. 구체적으로는 기출문제를

통해 다양한 지문을 분석하고 논리적으로 문제를 푸는 방법을 습득하는 것이 가장 큰 도움이 됐습니다.

Q 면접은 어떻게 준비했고, 핵심은 무엇이라고 생각하나요?

A 학교별로 면접 유형에 차이가 있어요. 따라서 본인이 지원하는 로스쿨의 기출문제를 토대로 관련 주제에 대한 자신의 입장을 논리적으로 정리하는 것이 중요해요.

일상 대화와 달리 '면접'이라는 것은 정해진 시간 내에 문제를 분석하고, 쟁점을 파악해서 논리 구조를 만드는 과정이에요. 실제 시험장에서 어떤 문제를 만나더라도 이 과정을 잘 해내기 위해서는 많은 훈련이 필요해요. 면접은 혼자 준비하는 것보다 스터디를 통해 실전처럼 연습하고 스스로 부족한 부분을 빨리 파악해서 보완하는 것이 중요합니다.

Q 자기소개서 준비는 어떻게 하면 좋을까요?

A 다양한 경험을 하고 그 과정을 통해 본인이 깨달은 바를 메모해두는 것이 좋아요. 자기소개서에서는 본인이 왜 로스쿨에 진학하려는지, 왜 법조인이 되고 싶은지, 또 어떤 법조인으로 성장하고 싶은지를 구체적으로 설명해야 해요. 이러한 질문들에 대한 답

은 결국 본인의 경험에서 찾을 수 있죠. 따라서 로스쿨에 지원하기까지 학업뿐만 아니라 대외활동에도 적극적인 자세로 임하는 것이 중요해요.

Q 슬럼프나 어려움은 어떻게 극복했나요?

A 누구에게나 슬럼프는 찾아오기 마련이죠. 따라서 어떻게 그 어려움을 잘 극복하는지가 중요해요. 사람마다 스트레스를 푸는 방법은 차이가 있겠지만 자신에게 맞는 방법을 찾는 과정이 필요합니다. 저는 가족과 맛있는 음식을 먹으며 대화를 나누거나, 다큐멘터리를 감상하며 슬럼프를 극복하고 있어요.

Q 로스쿨 진학을 위해 학부 생활은 어떻게 하는 것이 좋은가요?

A 로스쿨 진학을 위해서는 좋은 학점을 받는 것이 중요해요. 실제 입시에서 정성적인 요소보다 정량적인 요소의 영향이 크기 때문이에요. 이를 위해서는 본인이 흥미를 느끼고 열심히 공부해보고 싶은 전공을 찾아 대학에 진학하는 것이 중요하죠.

평균적으로 4~6년 정도의 대학 생활을 하게 되는데 이는 생각보다 긴 시간이에요. 이 기간 동안 어떤 전공을 공부할 것인지 지금부터 많이 고민해 보시길 추천합니다.

Q 로스쿨 입시를 준비하는 청소년에게 조언이 있다면요?

A 다양한 분야의 책들을 꾸준히 읽는 것을 추천해요. 사실 대학교 전공, 토익, 법학적성시험을 준비하는 모든 과정을 관통하는 핵심 능력은 바로 '언어 능력'이에요. 독서를 통해 논리적으로 사고하는 능력을 키운다면 로스쿨 입시에서 많은 도움이 될 거예요.

Q 로스쿨 커리큘럼은 어떻게 되나요?

A 결국 로스쿨 과정을 다 마치고 나면 변호사시험을 치르게 돼요. 따라서 변호사시험 교과목들이 로스쿨 커리큘럼에 반영되어 있어요. 크게 공법, 민사법, 형사법, 선택법이 있습니다. 구체적으로는 헌법, 행정법, 민법, 민사소송법, 상법, 형법, 형사소송법 등의 교과목을 공부해야 해요. 학교마다 커리큘럼에 조금씩 차이가 있지만 공통적으로 이러한 교과목들이 1, 2, 3학년에 걸쳐 편성되어 있어요.

Q 로스쿨에서의 생활은 어떤가요?

A 공부하는 과정은 많이 힘들지만 만족하며 다니고 있어요. 어려운 과정이라는 것을 알고 로스쿨에 입학했음에도 불구하고 생각 이상으로 공부량이 많아요. 그럼에도 불구하고 법학이라는 학

문을 통해 법적 분쟁을 해결하는 방법뿐 아니라 우리 사회에 대한 이해도를 높일 수 있다는 점이 너무 좋아요.

법은 우리 사회의 모든 분야에 적용되기 때문에 법학을 공부한다는 것은 우리 사회 구조를 공부하는 것이기도 해요. 이렇게 좋은 학문을 배울 기회를 얻었다는 사실에 감사하며 생활하고 있어요.

Q 향후 어떤 법조인을 꿈꾸고 있나요?

A 사회가 필요로 하는 곳, 그리고 제가 흥미를 느낄 수 있는 분야에서 일하고 싶어요. 관심사가 다양해서 아직 한 분야를 특정하지는 않았어요. 우선 눈앞에 닥친 변호사시험을 열심히 준비하는 것이 목표이고, 변호사 자격증을 취득한 후에 구체적인 계획을 세우려고 해요. 제가 어떤 분야에서 일을 하게 될지 아직 잘 모르지만, 도움이 필요한 곳에 도움을 줄 수 있는 법조인이 되고 싶어요.

Q 정말 시간당 상담료를 받나요?

A 대형 로펌 또는 기업 자문을 많이 하는 로펌의 경우에는 업무의 대부분을 타임 차지로 계산하고 있는 것으로 알고 있어요. 하지만 개인 고객을 대상으로 하는 경우에는 그 정도로 엄격하게 산정하지는 않는 것 같아요.

Q 짧은 시간에 상담을 잘 받는 방법은 무엇인가요?

A 미리 사건의 개요 및 질의사항을 이메일로 변호사에게 보내는 것이 좋아요. 변호사가 상담 전에 검토할 수 있어서 효율적이죠.

Q 좋은 변호사를 만나는 방법이 있다면요?

A 관련 사건을 진행해본 경험이 있는 변호사가 가장 좋겠지요. 직원이 아닌 변호사가 직접 상담을 하고, 책임져야 하는 것은 물론이고요.

Q 인터넷에 있는 무료법률 상담을 받는 것도 괜찮은가요?

A 간단한 사안의 경우 무료 상담을 받을 수도 있겠지만, 정확한 법률상담을 받기 위해서는 모든 자료 등을 보내고 검토를 거치는 것이 도움이 될 것 같습니다.

Q 소송(고소)을 당했다면 가장 먼저 해야 할 일은 무엇인가요?

A 민사 소장을 받은 경우, 소장을 받은 지 30일 이내에 법원에 답변서를 제출해야 해요. 고소를 당한 경우, 통상은 수사기관에 가서 조사를 받아야 하는데, 고소 내용을 인정할 것인지, 부인할 것인지 입장을 정리해야겠지요. 이 과정에서 혼자 준비하는 것이 어려운 경우 변호사의 도움을 받으시는 것이 좋아요.

Q 폭행죄와 상해죄는 다른가요?

A 이름만 들으면 비슷해 보이죠? 실제로 폭행죄와 상해죄를 구분하지 못해 초기 대응을 제대로 못 하는 경우도 많아요.

우선 '폭행'은 사람의 신체에 대한 유형력의 행사를 뜻해요. 이때의 유형력은 직접적, 간접적인 경우를 모두 포함해요. 쉽게 말해서 신체 접촉이 없더라도 폭행이 될 수 있다는 말이죠. 직접적인 구타가 아니더라도 상대방의 얼굴에 물을 뿌리는 행위, 물건을 휘둘러 위협을 가하는 행위, 침을 뱉는 행위 모두가 폭행죄에 해당해요.

상해죄는 생리적으로 기능이 훼손되어야 해요. 판례에 따르면, 폭행으로 인해 찰과상을 입거나, 타박상 또는 보행 불능이 발생한 경우, 수면장애, 식욕감퇴 등을 포함한 모든 기능상의 장애가 있는 경우 상해를 입었다고 봐요.

폭행죄는 반의사불벌죄이므로 피해자가 가해자의 처벌을 원하지 않을 경우 처벌되지 않지만, 상해죄는 반의사불벌죄에 해당되지 않기 때문에 피해자가 가해자의 처벌을 원하지 않더라도 가해자는 처벌될 수 있어요.

Q 사회적 정의와 의뢰자의 이익이 충돌했을 때는 어떻게 하나요?

A 보통 사회적으로 지탄 받는 범죄자를 변호하는 변호사를 비난하는 경우가 있어요. 하지만 흉악범 역시 헌법상 보장된 '변호인의 조력을 받을 권리'는 있으니, 변호사가 그러한 범죄자를 변호한다고 무조건 비난할 수는 없다고 생각해요.

Q 뉴스를 보면 의뢰인이 변호사를 해임하거나, 또는 변호사가 사건을 사임하는 경우가 있던데, 어떤 경우인가요? 그 경우 비용은 어떻게 처리하나요?

A 의뢰인과 변호사의 신뢰 관계가 깨진 경우예요. 이런 경우에는 해임하거나, 사임할 수 있어요. 비용은 변호사가 일한 정도를 고려해서 합의하에 정산하는 것이 일반적이에요.

Q 대법원 판례는 법률인가요?

A 대법원 판례는 법률이 아니에요. 하지만 대법원 판례가 법률 해석의 일반적인 기준을 제시한 경우에 유사한 사건을 재판하는 하급심 법원은 대법원의 견해를 존중해서 재판을 하게 되지요.

어느 날 김철수는 2019. 8. 5. 인터넷 게시판에 "저는 맛나 분식에서 음식을 먹다가 김치볶음밥에서 철 수세미를 발견했어요. 위생 상태도 너무 별로였어요."라는 글을 게시하였습니다. 이에 맛나 분식 사장은 김철수를 자신의 명예를 훼손하였다고 주장하면서 정보통신망 이용촉진 및 정보보호 등에 관한 법률 위반으로 고소하였고, 검사는 위 내용으로 기소하였습니다.

만약 여러분이 김철수의 변호사라면 김철수를 위해 어떻게 변론하면 좋을까요?

도움말 ---

정보통신망 이용촉진 및 정보보호 등에 관한 법률
제70조(벌칙) ① 사람을 비방할 목적으로 정보통신망을 통하여 공공연하게 사실을 드러내어 다른 사람의 명예를 훼손한 자는 3년 이하의 징역 또는 3천만원 이하의 벌금에 처한다.

형법 ---

제310조(위법성의 조각) 제307조 제1항의 행위가 진실한 사실로서 오로지 공공의 이익에 관한 때에는 처벌하지 아니한다.

변론

김철수를 변호하기 위해서 비방의 목적이 없었다는 점, 김철수가 게시한 내용이 진실하였다는 점, 김철수의 게시 내용은 공공의 이익에 관한 것이었다는 점을 강조해서 변론해 봅시다.

_____

_____

_____

_____

_____

_____

_____

_____

_____

_____

_____

_____

_____

_____

_____

김철수는 배달 앱을 이용해 보쌈을 주문했습니다. 도착한 보쌈은 냄새가 나서 못 먹을 정도여서 기분이 좋지 않아 배달 앱에 냄새가 심하다는 후기를 남겼습니다. 다음 날, 보쌈집 사장으로부터 전화가 왔습니다. 사장은 후기를 왜 그렇게 작성했냐고 하면서, "그럼 처먹지 마. 돼지 새끼야!"라고 욕설을 하였습니다. 평소에 듣지 못한 욕을 들은 김철수는 정신적 충격을 받은 상태입니다.

보쌈집 사장을 처벌할 수 있을까요?

도움말 --

대법원 1995. 9. 29 선고 94도2187 판결 참조

"협박죄에 있어서 협박이라 함은 일반적으로 보아 사람으로 하여금 공포심을 일으킬 수 있을 정도의 해악을 고지하는 것을 의미하므로, 그러한 해악의 고지는 구체적이어서 해악의 발생이 일응 가능한 것으로 생각될 수 있을 정도일 것을 필요로 한다"고 하여, 일반적으로 공포심을 일으킬 수 있는 해악을 고지하여야 협박죄가 성립한다고 판시하고 있습니다.

변론

모욕죄, 협박죄, 정보통신망법 위반죄 등을 적용할 수 있을지 생각해 봅시다. 또는 정신적 충격에 대한 민사적인 손해배상 청구를 할 수 있을지 검토해 봅시다.

_____

_____

_____

_____

_____

_____

_____

_____

_____

_____

_____

_____

_____

_____

김철수는 시험 기간에 도서관에 갔습니다. 공부를 하다가 배가 아파서 도서관 안에 있는 화장실에 갔는데 바닥에 지갑이 떨어져 있는 것을 발견하였습니다. 지갑을 열어 보니 현금 20만 원이 있었습니다. 화장실에 아무도 없는 것을 확인하고 지갑을 주워서 집으로 가져갔습니다. 다음날 경찰이 찾아와서 절도죄를 범했다고 합니다.

김철수는 도서관에 공부하러 갔다가 주인이 잃어버린 지갑을 주워갔을 뿐이고 훔치지는 않았다고 주장합니다. 여러분이 김철수의 변호사라면 어떻게 변론하면 좋을까요?

형법 --

제329조(절도) 타인의 재물을 절취한 자는 6년 이하의 징역 또는 1천만원 이하의 벌금에 처한다.

변론

절도죄의 객체인 타인의 재물이 되기 위해서는 타인의 소유여야 하고 동시에 타인이 점유하고 있어야 합니다. 화장실에 떨어져 있던 지갑은 타인의 물건이기는 하지만, 직접 가지고 있던 물건은 아니었다는 것을 강조해서 변론해 봅시다.

김철수는 홍길동과 언쟁을 하다가 홍길동이 먼저 김철수의 뺨을 때리며 폭행을 하자 격분하여 홍길동의 멱살을 잡아당 기게 되었고, 그로 인하여 김철수는 3주, 홍길동은 4주의 진 단이 나오는 상해를 입었습니다. 그런데 홍길동은 본인이 더 많이 다쳤다며 고소를 했습니다.

이 경우 홍길동이 먼저 폭행을 하였으므로 그에 대하여 응수 한 김철수의 행위는 정당방위가 될 수 있나요?

형법 ---
제21조(정당방위) ① 자기 또는 타인의 법익에 대한 현재의 부당한 침해 를 방위하기 위한 행위는 상당한 이유가 있는 때에는 벌하지 아니한다.
② (형벌 감면적 과잉 방위) 방위행위가 그 정도를 초과한 때에는 정황에 의하여 그 형을 감경 또는 면제할 수 있다.
③ (면책적 과잉 방위) 전항의 경우에 그 행위가 야간 기타 불안스러운 상 태하에서 공포, 경악, 흥분 또는 당황으로 인한 때에는 벌하지 아니한다.

변론

김철수가 홍길동을 다치게 하려는 목적이 없었다는 점, 폭행 전과가 없다는 점, 홍길동과 합의를 했다는 점을 강조해서 변론해 봅시다.

_____

_____

_____

_____

_____

_____

_____

_____

_____

_____

_____

_____

_____

_____

_____

_____

_____

변호사 업무 엿보기

분쟁 해결하는 '송무'

송무는 민·형사소송에 관한 사무로 변호사의 가장 기본 업무예요. '재판'을 준비하고 수행하며, 관리하는 업무라고 말할 수 있어요. 문제를 해결하기 위해서 소송을 제기하거나 반대로 소송을 당해서 대응해야 하는 경우에 변호사가 의뢰인을 대리해 재판에 출석해 송무를 수행해요.

송무는 사전에 서면을 제출해야 하는 경우가 많아요. 서면이 그만큼 중요하죠. 서면이란 변호사가 의뢰인의 얘기를 토대로 법령, 판례 등을 조사한 후 유리한 증거를 모아 작성한 것으로, 법원에 제출해요. 이후 정해진 변론 기일에 출석하고 변론을 하고 판결을 받으면 사건은 마무리돼요. 우리나라는 3심제를 채택하고 있으므로 당사자 중 일방이 항소, 상고를 할 수 있어요.

소송의 종류

01 민사소송

  ㄴ 법원이 개인 간의 분쟁을 국가의 법에 따라 재판으로 해결하는 절차

  ㄴ 민사소송의 절차

    소장 제출하기 → 피고의 답변서 제출 → 변론 준비 절차 → 변론 → 판결

└ 변호사의 역할 : 의뢰인이 제시한 사실관계 및 증거를 확인하고 법리
및 판례 검토를 한 후 소송 대리

02 형사소송

└ 각종 범죄를 저지른 사람에게 국가의 형벌권을 실현하는 절차
└ 변호사의 역할
1. 수사기관이 수사를 개시하면 사실관계를 분석하여 정리하고, 무죄
를 입증하는데 필요한 증거를 확보하고, 수사 단계에 있을 조사에 대비
하여 진술 정리
2. 신문 과정에 동행하여, 신문이 위법하게 이루어지는 것을 막고, 피
의자가 불리한 진술 또는 불필요한 진술을 하지 않도록 조력
3. 피의자가 기소되는 경우 형사재판에서 피의자의 방어권을 보장하기
위하여 변호함

03 행정소송

└ 행정청의 위법한 처분 그 밖의 공권력 행사, 불행사 등으로 인한 국민의
권리 또는 이익의 침해를 구제하고 공법상의 권리관계 또는 법 적용에
관한 분쟁 해결을 도모하는 재판 절차
└ 행정소송의 종류 : 항고소송, 당사자소송, 민중소송, 기관소송

분쟁 예방하는 '자문'

법률 자문이란 모든 법률 분야에 대한 법률적 검토 후 서면 또는 구두로 의뢰인에게 조언을 하는 것을 의미해요. 모든 법률 분야에 대한 유료 법률 자문은 변호사, 법무사만 가능해요.

자문은 소송까지 가기 전에 문제 발생을 사전에 방지할 수 있도록 도움을 주는 것이지요. 자문 업무에서는 의견서를 작성하는 경우가 많은데 법정에 제출하는 서면과 달리 정해진 기본 양식이나 틀은 없어요.

변호사의 법정 외 활동

01 방향 제시

ㄴ 법률문제가 있는 경우 법률 상담을 통해 최선의 해결책 마련

02 기업과의 계약서 작성, 검토

ㄴ 추후 문제가 발생할 수 있는 부분을 사전에 검토해 위험 요소 제거
ㄴ 이해관계가 첨예하게 대립하므로 단어 선택, 문장 작성에 유의

03 문서 작성

ㄴ 법률검토 후 의견서를 작성하는 경우가 많음

ㄴ 차용증서, 채무 승인서, 그밖에 부동산 매매 및 임대차 계약서 등 각종 문서를 작성

04 공증

ㄴ 문서 작성에 있어 당사자 외에 공적 기관이 관여해 내용적, 법률적으로 적합한 문서를 작성, 이를 공적으로 증명함으로써 문서에 대한 증거능력을 확보해 당사자 간의 분쟁을 방지하기 위한 제도

05 재판 외 화해

06 각종 중재·조정

07 재판 외 행정사건 처리

ㄴ 행정소송뿐만 아니라 재판 외에 행정청에 신고 등록 등 처분을 구하거나 이의 신청, 소원 소청, 심사 청구, 재심사 청구, 심판 청구, 재정 신청 등 대리

강연과 토론회

그 외 강의를 하거나 각종 토론회, 세미나, 심포지엄 등에 참석하기도 해요.

강연

법무연수원, 국세청 등에서 강의

토론회, 심포지엄 참석

고려대학교 법학전문대학원에서 열린 학술대회, 대한변호사협회에서 주최하는 심포지엄 참석

고소 vs 고발

고소와 고발은 신청하는 주체가 누구이냐에 따라 구별되는 개념이다. 예를 들어, 어떤 유명인이 자신에 대한 허위사실을 지속적으로 유포하는 모 카페 회원에 대한 법적 절차를 밟으면 '고소'인 것이고, 시민단체가 어느 기업이 횡령 및 배임 혐의가 있다고 수사기관에 수사를 의뢰하면 '고발'인 것이다. 사회 부조리나 범죄 혐의가 있는 사건들을 보도하는 TV 시사 프로그램에서 현장 기자가 "비리를 고소합니다."라고 하지 않고 "비리를 고발합니다."라고 하는 이유도 바로 여기에 있다.

피고 vs 피고인

흔히 피고와 피고인을 많이 헷갈려 하고 같은 뜻으로 오해해 사용하는 경우가 많다. 심지어는 뉴스 기사에서도 피고와 피고인을 잘못 사용하는 경우도 있다. 그렇다면 피고와 피고인의 차이는 무엇일까?

피고는 민사소송 등에서 원고가 제기한 소송의 상대방을 말한다. 즉, 원고의 반대 개념이다. 예를 들면, 홍길동이 김철수에게 5,000만 원을 빌리고 석 달 후에 갚기로 했는데 갚기로 한 날짜가 지났는데도 차일피일 미루며 돈을 갚지 않았다. 김철수는 홍길동을 상대로 소송을 제기하게 되는데 이때 소송을 제기하는 김철수는 원고가 되고, 소송을 당한 홍길동은 피고가 된다.

피고인은 형사소송법상 개념으로 '검사에 의해 형사책임을 져야 할 자로 공소가 제기된 사람을 말한다. 즉, 피고인은 범죄를 저질렀다는 혐의로 형사재판을 받는 사람이다.

피의자 vs 피고인

피의자와 피고인은 무슨 차이가 있을까?

피의자는 형사소송법상 개념으로 죄를 범한 혐의로 수사기관의 수사를 받고 있는 사람을 말한다. 범죄 혐의는 있으나 아직 검사에 의해 형사재판이 청구되지 않은 상태인 사람 즉, 경찰이나 검찰에서 범죄가 있다고 의심되어 수사를 받는 사람인 것이다. 반면에 피고인은 검사에 의해 공소가 제기된 사람 즉, 검사가 법원에 형사재판을 청구한 사람을 말한다. 그런데 모든 피의자가 피고인이 되는 것은 아니다. 검사가 수사한 결과 범죄를 저질렀다고 보기 어려운 경우 등에는 법원에 형사재판을 청구하지 않는 결정(불기소 결정)을 할 수 있다. 범죄를 저지른 것이 명백하다고 판단되는 때에는 법원에 형사재판을 청구하는데, 이때 피의자에서 피고인의 위치로 바뀌게 된다. 단, 피의자와 피고인 모두는 무죄 추정의 원칙에 의하여 유죄판결이 확정되기 전까지는 모두 무죄로 추정된다.

변호인 vs 변호사

변호인과 변호사, 같은 말이라고 생각하기 쉽지만 그렇지 않다.

변호사는 여러분이 잘 아는 대로 민사소송 등에서 당사자를 대리해 소송하거나, 형사사건에서 피의자, 피고인 등을 변호해 주는 '직업'을 말한다. IT 개발자, 디자이너, 셰프 등과 같은 직업군 중의 하나인 것이다.

변호인은 형사소송법상 개념으로 피의자나 피고인을 변호해 주는 사람을 말한다. 직업이 아니라 '지위'인 것이다. 대신 변호인이 될 수 있는 자격은 현행법상 예외를 제외하고 변호사로 한정하고 있다. 그래서 "피고인 김 아무개의 변호인 변호사 OOO" 이렇게 표현한다.

변호인은 형사소송법상 개념이므로 민사소송 등에서 당사자를 대리하여 소송하는 변호사를 변호인이라 표시하면 안 되고, 그때는 변호사가 '소송대리인'의 지위를 갖는다. 즉, 변호사 자격을 가진 사람은 민사소송이나 형사소송이냐에 따라 지위가 소송대리인이 되기도 하고, 변호인이 되기도 하는 것이다.

집행유예 vs 선고유예 vs 기소유예

유예는 사전적 의미로 소송 행위를 하거나 소송 행위의 효력을 발생시키기 위해 일정한 기간을 두는 것이다. 즉 집행, 선고, 기소를 미루거나 기간을 두는 것을 뜻한다. 유예는 크게 집행유예, 선고유예, 기소유예가 있다.

집행유예는 재판관의 판결로 결정된 피고인의 형의 집행을 유예하는 것을 말한다.

선고유예는 재판관이 피고인의 형에 대한 선고를 유예하는 것을 의미하는데, 선고유예 후 2년 동안 다른 범죄를 저지르지 않을 경우 면소된 것으로 간주하는 것이다.

기소유예는 집행이나 기소 유예와 달리 검사가 하는 결정이다. 검사는 기소독점권을 가지고 있다. 따라서 범죄사실이 분명하다 할지라도 죄질이 낮은 피의자가 깊이 반성하고 있다면 재량으로 기소를 하지 않고 유예한다.

중재 vs 조정

홍길동에게 5,000만 원을 빌려준 김철수. 친구 사이에 무슨 서류가 필요하냐면서 3,000만 원은 계좌이체로 2,000만 원은 현금으로 빌려주었다. 한 달 후 홍길동은 김철수에게 3,000만을 계좌로 보냈다면서 빌린 돈을 다 갚았다고 말한다. 김철수는 현금으로 빌려준 2,000만 원은 아직 받지 못했다고 했지만, 홍길동은 3,000만 원만 빌렸다고 주장했다.

이 경우 홍길동과 김철수가 조정 절차 또는 중재 절차에 의하여 해결하려고 한다. 조정 절차와 중재 절차는 어떻게 다를까?

조정은 법원 또는 조정위원을 비롯한 제3자가 화해에 이르도록 분쟁 당사자를 설득하는 것을 의미한다. 법원이 조정을 하여도 화해가 이루어지지 않은 경우 법원이 적정한 타협안을 제시하여 조정에 갈음하는 결정을 할 수도 있다. 이에 불복하고자 하는 당사자는 2주 이내에 이의신청을 하면 된다. 즉 조정의 경우 당사자의 의사가 중요하다.

반면 중재는 법원 아닌 제3자가 중재 결정의 형식으로 판정하는 것이다. 분쟁 당사자의 의사에 구속되지 않고 판정을 한다는 점에서 판결과 유사하다.

보상 vs 배상

일반적으로 보상과 배상에 대하여 혼동하여 쓰는 경우가 많다. 그러나 이 둘은 서로 다른 청구권이다.

보상(補償)은 "국가 또는 단체가 적법한 행위에 의하여 국민에게 가한 재산상의 손실을 갚아 주기 위하여 제공하는 대상(代償)"이고,

배상(賠償)은 "남의 권리를 침해한 사람이 그 손해를 물어 주는 일"이다.

예를 들면, 국가가 도로를 만들기 위해 국민의 땅을 필요로 하는 경우 보상을 해주는 것이고, 국가가 고의나 과실로 위법하게 타인에게 손해를 가한 경우 배상을 해주어야 한다.

각하 vs 기각

각하(却下)는 민사소송법상 소송요건을 구비하지 않거나, 상소가 그 요건을 구비하지 아니하는 등 형식적 요건을 갖추지 못한 때 본안 재판에 들어가지 않고 바로 소송을 종료시키는 것을 의미한다.

형식적 요건을 갖춘 후 본안에 들어가서 청구가 이유 없다고 판단되는 경우 기각 판결을 내린다.

즉 손해배상 청구 소송에서 당사자 능력이 없는 경우 등은 각하 판결을 받게 되고, 당사자 능력을 포함한 모든 소송 요건은 충족되었는데, 심리 결과 손해가 없다는 등의 결론에 이른 경우 기각 판결을 받게 된다.

구형 vs 선고

구형(求刑)은 검찰, 선고(宣告)는 재판부의 몫이다. 두 단어는 종종 혼란을 불러일으킨다.

구형은 형사재판에서 검사가 판사에게 피고인에게 어떤 형벌을 내려줄 것을 요구하는 것을 말한다. 실제 형량을 결정하는 선고와 달리 구형은 법적 구속력이 없다. 예컨대, 구형은 검사가 재판장에게 "피고인을 징역 10년에 처해주십시오."라고 말하는 것이다.

구형을 마치면 변호인의 최후 변론과 피고인의 최후 진술이 이어지는데, 판사는 검사의 구형과 변호사의 변론 등을 참고하여 실제 형량을 결정하여 선고를 한다.

즉, 선고는 검사의 구형과 피고인의 변호사의 변론 내용 등을 종합하여 판사의 재량에 따라 형을 확정지어 판결을 내리는 것을 말한다.

편 부모님은 어떤 분이셨는지, 어린 시절 환경은 어땠는지 궁금해요.

안 부모님은 제 진로에 특별히 특별히 간섭하거나 강요하는 스타일은 아니었어요. 형제가 많아서 일일이 신경 쓰지 못하셨을 것 같아요.

편 중·고등학교 때는 어떤 학생이었나요?

안 책 읽는 것을 좋아하는 학생이었어요. 공부하는 데 특별히 스트레스를 받거나 하지는 않았죠. 예체능에 소질이 있거나 하지도 않고 특별히 잘하는 게 없어서 묵묵히 공부하는 평범한 학생이었던 것 같아요. 공부를 싫어하지는 않았지만 그렇다고 전교 1등을 할 정도의 실력은 아니었어요.

편 학생 때는 연예인에 빠지기도 하잖아요.

안 중학교 때는 시험 끝나고 친구들과 콘서트에 가기도 했어요. 즐거운 추억 중의 하나에요.

편 어렸을 때부터 변호사가 꿈이었나요?

안 구체적으로 변호사를 생각했던 것은 아니에요. 하지만 막연하게나마 전문직을 가져야겠다, 평생 직업을 갖고 일을 하겠다는 생각은 했어요. 전업주부가 되겠다는 생각은 한 번도 해보지 않은 것 같아요.

편 계기가 있었나요?

안 대학에서 법학을 공부하는데 흥미로웠어요. 헌법 행정법을 배우고 나니 현실 정치에 대한 이해가 높아지고, 상법을 배우니 경제 신문을 봐도 무슨 말인지 알게 되고 그랬던 것 같아요. 이런 과정에서 법학이 진짜 사회와 밀접하게 관련되어 있는 학문이라고 생각했고, 재미도 느꼈던 것 같아요.

편 변호사를 하겠다고 결정했을 때 주변 반응은 어땠나요?

안 격려해 주셨죠. 다만 부모님은 네 앞길 네가 알아서 하겠지라고 생각하셔서 꼭 합격해야 한다는 부담을 주시지는 않았어요.

편 사법시험 준비는 언제부터 했나요?

안 본격적으로 학원 다니면서 준비한 건 대학교 3, 4학년 때부터였어요. 그때부터 3~4년 공부했죠. 2002년에 대학을 졸업하고, 2004년에 1차에 합격했으니까 적을 두지 않고 온전히 공부만 한

건 3년 정도에요.

편 3년이라는 시간은 긴 시간인데 힘들지는 않았나요?

안 힘들었어요. 그런데 주변에 사법시험 준비하는 사람이 많고 공부를 같이하니까 견딜만했던 것 같아요. 여러 명이 같이 스터디를 했어요. 그 덕분인지 잘 버틸 수 있었죠.

편 합격했을 때 소감은 어떠셨나요?

안 정말 기뻤어요. 지나고 나면 긴 인생의 한 부분일 뿐이지만 그때는 세상을 다 가진 것 같았죠.

편 진로를 선택하는 데 도움을 주신 분이나 직업관을 형성하는 데 도움을 준 책 혹은 영화가 있나요?

안 책이나 영화가 특별한 영감을 준 것은 없어요. 다만 저는 대학교 때 수강했던 수업이 다 좋았어요. 그래서 평생 법을 공부하면 좋겠다는 생각을 했죠.

편 지금의 삶에 만족하시나요?

안 네. 변호사로서 법을 해석하고, 이해하고, 현실에 적용하는 과정들이 좋아요. 주변에서 누군가 변호사를 하겠다고 하면 추천할 것 같아요.

편 변호사로서 앞으로의 목표는 무엇인가요?

안 훌륭한 변호사가 되는 것이에요. 법학적인 실력뿐만 아니라 인간적으로 의지할 수 있는 변호사가 되고 싶어요. 그래서 저도 내적으로 건강해야 한다고 생각해요.

편 마지막으로 변호사를 꿈꾸는 청소년들에게 한 말씀 부탁드려요.

안 일단 법학 자체가 역사적 가치가 있는 학문이에요. 그런 학문을 현실에 적용할 수 있다는 게 또 매력이죠. 게다가 공익 활동까지 할 수 있어요. 그런 공익 활동이 소모적인 것이 아니라 하나하나 경험으로 축적된다는 것도 좋아요. 청소년 여러분이 이런 매력적인 직업에 많이 도전했으면 좋겠어요.

청소년들의 진로와 직업 탐색을 위한
잡프러포즈 시리즈 37

2021년 3월 15일 | 초판 1쇄
2023년 9월 18일 | 초판 3쇄

지은이 | 안서연 · 김상천
펴낸이 | 유윤선
펴낸곳 | 토크쇼

편집인 | 김정희
디자인 | 이민정
마케팅 | 김민영

출판등록 2016년 7월 21일 제2019-000113호
주소 | 서울시 마포구 월드컵북로98, 202호
전화 | 070-4200-0327
팩스 | 070-7966-9327
전자우편 | myys327@gmail.com
블로그 | http://blog.naver.com/talkshowpub
ISBN | 979-11-91299-03-8(44190)
정가 | 15,000원